永遠的蘇珊

回憶蘇珊·桑塔格

Sempre Susan

a memoir of Susan Sontag

Sempre Susan

目次

a memoir of Susan Sontag

那是我人生第一次參加作家駐村活動。因為一個無論如何都想不起來的理由，我必須延後抵達的日期。我擔心遲到會惹人不悅，但蘇珊堅持那不是件壞事。「無論做什麼，打從一開始就打破規則準沒錯。」對她來說，遲到就是她的規則。「我唯一會擔心遲到的場合，只有搭飛機和看歌劇。」就算人們抱怨老是得等她，她也毫無歉意。「我就想，如果大家不夠聰明，不懂帶點什麼來讀的話……」（但若真有人如她一般通透這番道理，搞得她必須等對方時，她又不高興了。）

我對準時抱持一絲不苟的態度，這點讓她很受不了。某次跟她共進午餐，我意識到回去工作會遲到時，立刻從桌邊跳了起來，她態度訕笑，「坐下！妳不需要那麼準時。別活得那麼卑微。」卑微是她最喜歡講的詞彙之一。

所謂例外主義：我們三人住在一起——蘇珊、她的兒子，還有我——這真的是個好主意嗎？難道大衛跟我不該自己找個地方住嗎？她說她找不到我們不能住在一起的理由，就算大衛跟我打算生孩子也一樣。若有必要，她說，她很樂意撫養我們所有人。當我表達疑慮時：「別這麼保守。誰說我們一定要活得跟別人一樣？」

（有一次，在聖馬克廣場上，她指向兩名舉止古怪的女子，其中一位是中年婦女，另一位已邁入老年，她們穿得像吉普賽人，還留著一頭飄逸灰髮。「老波希米亞人，」她說。然後又打趣地說，「這就是我們三十年後的樣子。」超過三十年過去了。她死了，現在也沒有波希米亞人了。）

我們認識的時候，她四十三歲，但在我看來非常老。部分原因是我當時二十五歲，在那個年紀，任何超過四十歲的人都讓我覺得很老。但其實也是因為當時她剛結束手段激進的乳房切除手術，身體正在恢復。（這裡她也打破了一條規則：她拒絕接受醫院方建議的復健運動時，一名同情她的護理師在她耳邊悄聲說，「哈皮．洛克斐勒[1]也不肯做。」）她的膚色蠟黃，而她的頭髮——很多人覺得她是刻意把黑髮中的部分髮絲漂白，這點總讓我迷惘，因為只有那些白髮是她的真實髮色，而且應該一看就知道才對。（是有名美髮師建議留下一部分不染，看起來才不會那麼假。）化療讓她的頭髮輕薄不少，卻沒有完全帶走那頭豐厚到驚人的黑髮，只是長回來的大多是白髮或灰髮。

所以，奇怪的是：我們剛見面時，她看起來比我認識她時實際年齡還要老。隨著她逐漸恢復健康，她看起來愈來愈年輕，而等到她決定染髮後，她看起來就更年輕了。

那是一九七六年的春天，距離我讀完哥倫比亞大學的創意寫作學院將近一年。我住的地方在西一〇六街，蘇珊就住在一〇六街和河岸大道的轉角。她在病弱期間累積了大量未回覆的信件，正打算開始處理，所以要求朋友推薦可以幫忙的人，那些朋友是《紐約書評》[2]的編輯。在大學畢業準備讀研究所期間，我曾在那間雜誌社做過編輯助理。那些編輯知道我會打字，而且就住附近，所以建議她打給我。我當時想打的正是這種零工：不太會干擾我寫作的工作。

我去到河岸大道三四〇號的第一天，天氣晴朗，整間公寓——那是間有許多巨大窗戶的頂樓公寓——明亮得刺眼。

1 哈皮．洛克斐勒（Happy Rockefeller，1926-2015）是美國副總統（任期為1974-1977）的配偶。

2 《紐約書評》（*The New York Review of Books*）為創立於一九六三年的半月刊，創刊號撰稿者包括蘇珊．桑塔格、漢娜．鄂蘭（Hannah Arendt）和楚門．卡波堤（Truman Capote）等人。

我們在蘇珊的臥室工作。我坐在她的書桌前用她那臺龐大的IBM Selectric打字機打字，她則在一旁說出要我打下的內容，同時來回踱步或躺在床上。那個房間就跟公寓的其他空間一樣，裝潢非常簡樸，白色的牆面上什麼都沒有。正如她後來解釋，因為這是工作的地方，她想要盡可能處在白色的環境中，也希望盡量確保其中不要有書。我不記得有任何家人或朋友的照片（事實上，在那間公寓中，我無法回想起任何這類照片有被展示出來）；相反的，那裡有幾張黑白照（就像出版社準備的公關資料袋中會附的那種照片），照片中是她的文學英雄：普魯斯特[3]、王爾德[4]、安托南[5]（她才剛編完他的一部選集）、華特．班雅明[6]。公寓的其他地方有幾張老電影明星的照片，而且都是著名黑白老電影中的定格畫面。（根據我的回憶，這些照片之前是紐約客電影院[7]的大廳的裝飾品，那間專門放老片的電影院位於八十八街和百老匯大道的交叉口。）她穿著一件寬鬆的套頭衫、牛仔褲，還有胡志明輪胎橡膠製的夾腳拖鞋[8]，那雙拖鞋我想應該是她某次去北越旅行帶回來的。因為癌症的關係，她試圖戒菸（她

3 馬塞爾·普魯斯特（Marcel Proust，1871-1922），法國著名作家。

4 奧斯卡·王爾德（Oscar Wilde，1854-1900），愛爾蘭作家，創作小說、詩歌和劇作。

5 安托南·阿爾托（Antonin Artaud，1896-1948），法國的演員和戲劇理論家，另外也寫詩。

6 華特·班雅明（Walter Benjamin，1892-1940），德國的著名思想家，文化評論家。

7 紐約客電影院（New Yorker Theater）位於曼哈頓中心，由一九一四年營業到一九八五年。

會嘗試，然後失敗，然後再嘗試，一次又一次）。她會一次吃掉一整罐炸玉米粒，同時從一加侖裝塑膠桶中大口大口狂喝水。

信件總是多到令人卻步，我們得花上好幾小時處理，但我們的進度之所以慢到如此荒謬的程度，是因為電話一直響起，而且她每次都會接起來閒聊（有幾次是真的聊了好一陣子），而我就是坐在一邊等她說完，同時當然也在聽她聊天，偶爾拍拍她兒子那條總愛討人關注的巨型愛斯基摩犬。打來的人大多是我聽過的名字。我逐漸發現大家聽說她罹癌時的反應讓她很受不了。（不過當時我還不知道，她已經在整理一些想法，準備之後寫成〈疾病的隱喻〉。）我記得她在提起癌症時，對著電話另一頭的人說那是一種「專橫的疾病」。[9]和漢娜·鄂蘭[10]的死讓她覺得自己「變成了孤兒」。她提到有人說特里林難怪會癌症，畢竟他應該已經多年沒幹過他老婆了，她對此說法感到憤慨。（「還是學院裡的人說的話！」）她很不想承認，但最終還是勇敢地坦承：當她得知自己罹癌，首先出現的想法之一是，「我的性生活不夠頻

8 胡志明輪胎橡膠（Ho Chi Minh tire）製的拖鞋和涼鞋在當時的美國很流行，據稱這種廢棄輪胎製的涼鞋原本是北越共產黨士兵的固定裝備之一。

9 萊昂內爾·特里林（Lionel Trilling，1905-1975）是極具影響力美國文學評論家。

10 漢娜·鄂蘭（Hannah Arendt，1906-1975）原籍德國，後來成為著名的美籍猶太裔哲學家，以針對極權主義的政治評論聞名。

繁嗎？」

有一次打電話來的是她兒子。大衛比我小一歲，當時剛從安默斯特學院[11]輟學沒多久，最近才回到學校讀書。他是普林斯頓大學的大二學生，在普林斯頓那邊有個住處，但每星期有大半時間都跟母親住在一起。他的臥室（很快就要變成我們的臥室）就在她的臥室旁邊。

工作讓她覺得無聊。我們才剛處理完幾封信，她就提議可以休息吃個午餐。我跟著她走到公寓另一頭，沿途經過擺滿書的走廊和用餐區，我讚嘆地看著用餐區那張優雅的木製長桌，以及搭配的木製長凳（她告訴我，那是一張老舊的法國農舍長桌），桌子後方的牆面掛著一張經典的好利獲得牌打字機[12]海報（「和火車一樣快」那張）。餐桌上通常擺滿書籍和紙張，真正要吃飯則大多是在廚房，用的是一張被人漆成深藍色的木製流理臺桌。

她拿了金寶牌的蘑菇濃湯來加熱，我坐在臺桌前高腳凳上感到很不自在。那罐湯再搭配一罐牛奶後足夠給兩個人喝。她很好聊，這點讓我驚訝。我已經習慣了《紐約書評》公司內上下分明的關係，那裡的編輯從不跟員工聊天。就在那天，我得知這間公寓的前任租客是她的朋友賈斯珀．瓊

11 安默斯特學院（Amherst College）位於麻州，大衛當時跟隨評論家班雅明．德默特（Benjamin DeMott）學習。

12 好利獲得（Olivetti）是著名的義大利品牌。

斯[13]，幾年前，當瓊斯決定搬走時，蘇珊承接了他的租約。可惜的是，她不認為自己有辦法繼續待下去，因為這棟大樓的屋主想要自己住這間公寓。蘇珊想繼續住的理由很明顯：這間兩房的頂樓公寓很大，有兩間臥室，而且位於一棟好看的戰前建築內——租金也相當划算，根據我的記憶大約一個月是四百七十五美金。客廳的物件很少，導致原本就很大的客廳顯得更大（甚至有一點回音）。不過要是得搬走，她說，她最會想念的還是看出去的景觀：那條河，還有每天的日落。（在屋外看其實應該更棒，但露臺一團亂：那裡是狗日常排泄的地方。）在公寓兩間臥房的另一頭有個小很多的房間，曾經是給女僕住的，裡頭有半套衛浴。當時大衛有個朋友會在那裡過夜。等我搬進去後，那裡就成了我的書房。（「妳是這間屋子裡唯一有兩個房間的人，」當我告訴她我要搬離「三四〇號公寓」時，蘇珊這樣說，語氣又是受傷又是控訴。）

吃午餐時，她問了我很多問題，像是幫《紐約書評》的編輯羅伯特．席爾維斯[14]和芭芭拉．雅皮斯坦[15]工作是什麼感覺，還有成為伊莉莎白．哈德維克的學生是什麼感覺，伊

13 賈斯珀．瓊斯（Jasper Johns，1930-）為美國當代藝術家。

14 羅伯特．席爾維斯（Robert Silvers，1929-2017），參與創立《紐約書評》從一九六三年一直到過世都擔任這份刊物的編輯。

15 芭芭拉．雅皮斯坦（Barbara Epstein，1928-2006）在《紐約書評》擔任了四十三年的編輯。

莉莎白．哈德維克[16]是我在巴納德學院[17]的其中一名教授，也是《紐約書評》的編輯委員之一。顯然這三人讓蘇珊很感興趣——甚至是著迷——我後來也得知，他們的友誼及認可對她來說至關重要。這三人都是《紐約書評》於一九六三年創辦時創始成員之一。蘇珊認為《紐約書評》比美國的任何一本刊物都還要傑出——這本刊物是嘗試將美國的知識分子生活提升至最高標準的「英雄式」作為——而她打從第一期就開始為這本刊物撰稿，因此始終感到非常驕傲。她的文章都是由席爾維斯進行編輯：「他是我目前為止遇過最棒的編輯。」他是所有作家求之不得的頂尖編輯，她總會這麼說。就跟其他供稿者一樣，他對作家抱持的懇切敬重讓她讚嘆。

她也讚嘆他的完美主義，以及為了刊出文章而孜孜不倦編修的努力。他是她遇過最聰明、最有才華的人之一，她這麼說——可能還是最認真工作的人，可說一週幾乎七天都能看到他在伏案工作，包括假日，而且一工作就是整天，甚至還會到深夜。他就是蘇珊最仰慕的那種人：他推崇紀律、對知識抱持熱情，行事又無比審慎，除了最值得敬佩的作家和藝術家之外，只有他能在她的內心激起這種崇敬之情。

為《紐約書評》撰稿讓她相當自豪，而唯一能讓她同樣

16 伊莉莎白．哈德維克（Elizabeth Hardwick，1916-2007）是美國文學評論家，另外也創作小說。

17 巴納德學院（Barnard College）為一間私立女子文理學院。

引以為傲的，是能夠在法勒、施特勞斯和吉魯出版社[18]出書。事實上，她那天講的電話中，時間最長且態度最親密的對象就是羅傑．施特勞斯，他是出版社的主事者，而且早在十三年前就出了她的第一本書，之後也持續出版她的其他著作。他們一天至少談話一次也不稀奇。當時的蘇珊還沒有文學經紀人，除了出版書籍之外，施特勞斯替她應付了一些出版商通常不會處理的工作，像是為她的短篇小說和文章尋求雜誌發表的機會。不過那不是一段基於生意的關係。他們是交情很好的老朋友，他們是彼此的知己，施特勞斯也參與了蘇珊無關寫作的許多生活面向，包含她生病的危機，還有後來必須找新公寓的過程。儘管蘇珊和施特勞斯剛認識時，大衛已經十歲了，施特勞斯還是常說大衛「可能是我的私生子吧」。很快地，他就會把大衛帶進公司，讓他成為許多作家的編輯，其中包括蘇珊。

蘑菇湯不夠喝。她在冰箱內尋找，裡面幾乎空蕩蕩的，雖然不是玉米的季節，冰箱裡卻有用塑膠包裝起來的一根根玉米。我們吃了玉米後，她說：「當然，我想要的根本不是這些。我真正想要的是來根菸。」我才剛戒菸，但之後一搬進來，我就又開始抽了。我們三人都抽菸，幾乎所有來這間公寓的人也都抽菸。

18　法勒、施特勞斯和吉魯出版社（Farrar, Straus and Giroux）為一九四六年創立於紐約的出版社。

我那天離開時，太陽已經低垂在哈德遜河面上，但我們的成果非常有限。蘇珊要求我這幾天再找時間過來。我記得走回家的路上心想，她真的很隨興、開放——與其說是我母親那一輩的人，其實更像我的同齡人。不過她跟年輕人相處一直都是這樣，她跟兒子之間也沒有常見的代溝問題；她兒子甚至還沒上高中，她就開始把他當成年人對待了，從來似乎也沒懷疑過應不應該這麼做。現在回想，我不禁也想起蘇珊之前說的一件事：在她的記憶中，童年就是無聊透頂的一段時光，她總是迫不及待地希望趕快結束。我一直無法了解這件事（怎麼可能有人的童年——就算是不怎麼快樂的童年——會被描述成「徹底的浪費時間」？），但她希望大衛的童年也能盡快結束。（事後證明，他也覺得自己童年是段悲慘的時光，而且會引用蘇珊常描述自己童年的說法：像在監獄服刑。）就彷彿她並不是真的相信童年有必要存在——又或者更好的說法是，她看不出其中有什麼價值可言。

對大衛來說，她在他還是個小孩時就成了「蘇珊」，而他的父親，也就是社會學家及文化評論家菲利普．里夫[19]則是「菲利普」；大衛告訴過我，他無法想像自己稱呼他們「媽」和「爸」。每次蘇珊和大衛談起他的父親時——那是她在十七歲時結婚的對象，當時她是芝加哥大學的學生，而

19 菲利普．里夫（Philip Rieff，1922-2006）是美國文化評論家。

他是二十八歲的講師，接著兩人在七年後離婚——她也稱他為菲利普。大衛提起她時很少說「我母親」，我也覺得說「你母親」聽來很怪。她就是永遠的[20]「蘇珊」。（有一次，我剛開始在《紐約書評》工作沒多久，羅伯特．席爾維特說，「幫我打電話給蘇珊」。我伸手去拿旋轉名片架，說：「哪個蘇珊？」芭芭拉．雅皮斯坦當時也在場，她一聽就笑了。「哪個蘇珊？」她重複了一次，搖搖頭，我知道她在嘲笑我。）

名字啊。蘇珊向我坦承，獲得這樣一個無聊又平凡的名字始終讓她開心不起來。（「妳看起來不像是叫蘇珊的人，」她會模仿那些對自己這麼說的人。）只要有人叫她蘇，她就會全身帶刺地嚴詞糾正對方。普遍來說，她不喜歡任何形式的略稱或暱稱，不過她還是常把大衛（她是用米開朗基羅的雕像作品為他命名）暱稱為小衛（Dig）。

在那些年間，這對母子從未跟父親聯絡。不過有一次，我們三人驅車前往費城，那次蘇珊獲邀去演講，而大衛的父親跟第二任妻子就住在那裡，在車上時，蘇珊從後座對駕駛座的大衛說：「我認為你該帶西格麗德去見菲利普。」所以到了隔天，在開車回紐約之前，我們去了菲利普．里夫的家。蘇珊表示要在車上等。我們沒有事先通知要來，按電鈴時無

20 這裡的「永遠的」用的是「sempre」，原文是義大利文，在音樂術語中代表「自始至終」、「持續」的意思。

人回應，但透過前門鑲的小片玻璃可以剛好看見門後的區域，大衛指了指他父親收藏的那些拐杖給我看。

我從未見過菲利普．里夫。但二〇〇六年，讀到他過世的消息時，我立刻想到了那些拐杖收藏，內心感到一陣疼痛。

我當時對於蘇珊的文字讀得不多。在學校修的課程中，她的作品從未成為指定閱讀材料，我只記得她的名字出現過一次。有堂課的閱讀清單上有關於佛洛伊德[21]的論文，當時授課的教授特別指出，負責編寫這些文本的菲利普．里夫曾和蘇珊．桑塔格結婚，而蘇珊．桑塔格在離婚後竟然寫了一本標題為《反詮釋》[22]的書。他咯咯笑著說，他每次想到都覺得很搞笑。

當時在西九十五街有一間名為「琥珀蘋果」的二手書店。我在那裡找到蘇珊截至當時為止出的兩本小說精裝本，分別是《恩人》[23]和《死亡工具》[24]，另外還有兩本文集：《反詮釋》和《激進意志的風格》[25]。（當時她已經拍了三部影片。正是因為她已經有了不少成就，而且打從我還是個小女

21 西格蒙德．佛洛伊德（Sigmund Freud，1856-1939）為著名的奧地利精神分析學家。
22 《反詮釋》（*Against Interpretation*）這部評論文集出版於一九六六年。
23 《恩人》（*The Benefactor*）出版於一九六三年，是蘇珊．桑塔格的第一本實驗性長篇小說。
24 《死亡工具》（*Death Kit*）這部小說出版於一九六七年。
25 《激進意志的風格》（*Styles of Radical Will*）這部評論文集出版於一九六九年。

孩時就已經出名，我也才會覺得她看起來那麼老。）我在為這些書付錢時，店主說：「啊，蘇珊．桑塔格，她很常來這裡。」（每次她在隔壁的塔莉亞藝術屋電影院[26]偶然看了一部電影後，絕對都會來一趟。）「但她現在病得很重。她快死了。」

我記得當時沒把最後這句話放在心上。我才剛跟她一起相處了幾小時。她看起來並沒有「病得很重」。她的表現完全不像個快死的人。我知道她得了乳癌，但還不知道細節。我不知道她的癌症發展到了第幾期，也不知道她的預後狀況是否不佳。我父親才剛因為癌症死掉沒多久，但不知為何，我從來不覺得蘇珊跟他一樣受到了生命上的威脅。她或許在我看來很老，但畢竟跟我父親過世的年紀相比還要年輕二十歲。等到她真的過世時，也就是三十年之後，儘管這個消息不該令人訝異（我知道她的病況實在不樂觀），但還是讓我很震驚。一開始將消息告訴我的朋友說：「她總是看起來那麼有生命力，竟然這樣就被擊倒，實在令人沮喪。」我記得「被擊倒」這個說詞吸引了我；我認為蘇珊也會喜歡這個說法。我無法想出有多少其他作家過世時也能讓人做出這種回應。（不過，我立刻又想到，當我們得知某位著名的虛構作家在威尼斯的死訊，儘管他已經是個老人，全世界的人仍感

26 塔莉亞藝術屋電影院（Thalia art house）位於百老匯大道及第九十五街口，一九八七年熄燈。

到震驚。[27]）雖然她過世時都快七十二歲了——雖然她得的是幾乎確定無法治癒的白血病——但感覺她的生命仍是暴虐地遭到提前終止，就彷彿是命運擊敗了仍然盛年的她。「被擊倒」。

我後來發現，很多人也跟我一樣震驚，而且儘管蘇珊已經到了那個年紀，她的疾病又是如此致命，仍有人堅定地相信她會擊敗這次的癌症，就跟她在早年擊敗過乳癌和子宮癌一樣。此刻在我看來，這說明了蘇珊非常美好的一個面向：她一直以來都是這樣一個人，她讓所有人覺得她太過強悍，而且生命力頑強到不可能死。她讓眾人留下的這個印象也讓她的極端表現——大衛在她死後指出，她堅持自己的例外主義，拒絕承認自己的病無藥可救，而且不相信死亡不只是難以避免、不只是迫在眼前，而是已然到來——就算沒有顯得不那麼失心瘋，或許至少也更容易理解一些。

我很快讀了她的四本書，一本接著一本。我有個想法（事實證明，我很有先見之明），她應該很快就會問我讀過其中哪一本，而正確答案是「全讀過了」。而且就像她的許多其他讀者一樣，我覺得文集中的文章很迷人，但小說卻很不好讀。

27　這裡指的是《魂斷威尼斯》（*Death in Venice*）這部小說中的主角阿申巴赫（Aschenbach）。

當時的我正對維吉尼亞．吳爾芙[28]心醉神迷。此外我也很景仰伊莉莎白．哈德維克教授，她不只教導了我一陣子，也是我第一個認識的專業寫作者，蘇珊提起她時會說：「她的文句比美國還活著的所有作家還要優美。」蘇珊有時會彷彿在作夢般地說，她想讓自己的散文句子「更像小伊」的風格。因為她不只創造出抑揚頓挫豐美的優雅句子，根據蘇珊所說，哈德維克還是「運用形容詞的女王」。

蘇珊自己的寫作風格總能激勵人心，非常戲劇化，文字間充滿我們所謂的「前衛」思想，而且總是大膽無畏，但說到風格——她的風格並不優美。她不寫優美的句子，如果要說她的小說中有什麼值得敬佩之處，我也沒讀懂。這點令人失望，因為多年前，我曾著迷於她在《大西洋月刊》[29]中寫的〈中國旅行計畫〉[30]：那是個跨文類的作品，又是散文又是小說，儘管這種形式不是出自她的獨創，其中仍充滿想像力，那是部我會剪下來收藏的作品（這篇故事後來收錄在《我等》[31]當中，那是她唯一的一本短篇小說集）。不過要再過好多年，她才寫出了我能享受其中的作品：一九九二年出版

28 維吉尼亞．吳爾芙（Virginia Woolf，1882-1941）為英國著名的女性主義作家，也是現代主義的指標性人物。

29 《大西洋月刊》（*The Atlantic Monthly*）創立於一八五七年。

30 〈中國旅行計畫〉（Project for a Trip to China）於一九七三年發表於《大西洋月刊》。

31 《我等》（*I, etcetera*）這部小說集出版於一九七七年。

的《火山情人》[32]。

大概在八〇年代中期，她努力想寫出一篇自傳性作品，主題是她青少女時期曾到湯瑪斯．曼[33]家鄉的遊歷（這篇標題為〈朝聖〉[34]的短篇小說後來刊登在《紐約客雜誌》上），她告訴我，關於小說寫作，她領悟了一件事——她知道自己少了什麼。都是跟細節有關，她說。儘管極度仰慕納博科夫[35]的文字，她卻沒有遵循他那條著名的寫作通則：愛撫所有神聖的細節。其中一部分的問題在於，她說，她並沒有真的像納博科夫那種作家一樣去注意到細節，就算是真的注意到了，她事後也想不起來。舉例來說，她確實看到了湯瑪斯．曼的屋子，但卻不記得那天看到的任何特定細節。這點令她很挫敗，她說，畢竟她現在打算寫出這個故事。

如果這是她寫作的其中一個弱點，當她坐下來寫下一部小說時，她確實是抱持著雪恥的決心修正了這點。《火山情人》中充滿了有關情欲的精準細節，而這是在她之前的小說中看不見的特色。

32 《火山情人》（*Volcano Lover*）這部小說出版於一九九二年，主要場景在義大利的拿波里。

33 湯瑪斯．曼（Thomas Mann，1875-1955）為著名德國作家，也是名作《魂斷威尼斯》的作者。

34 〈朝聖〉（*Pilgrimage*）於一九八七年發表於《紐約客雜誌》。

35 弗拉基米爾．納博科夫（Vladimir Nabokov, 1899-1977）為著名的俄裔美籍小說家。

我當時沒有在寫日記——就算有寫也早就不見了——所以我無法確切指出去幫蘇珊處理了多少次信件，但我想應該只有三、四次。我應該是第二次去時遇見了她的母親，當時她特地大老遠來看她：那是一名長相精緻的矮小婦人（她的女兒在她身旁顯得相當魁梧），長及下巴的頭髮染成墨黑色。她看起來像是那種年邁的飛來波女郎[36]——就像老了之後的女演員路易斯·布魯克斯[37]。她塗著紅色唇膏，長指甲也擦成紅色。我記得她有戴首飾——應該是戒指。我記得她手上拿著用來插香菸的菸嘴，但她是真的有用，還是我想像出來的呢？總之我確實記得她有抽菸。（「在蘇珊面前，我本來沒打算抽，」她對我說。「但我看見大衛和所有其他人都開始點菸……」）

那一天，只剩蘇珊和我獨處時，她談起家人。她的態度算是坦率，而且感覺很信任我。她說她很少見到母親，還說她十六歲就離家，打從那時候開始就和母親沒什麼往來。母親初次聽說她罹癌時，寄了條電熱毯來，蘇珊說到這裡翻了個白眼，聳聳肩，彷彿覺得那是個莫名其妙的舉動。我記得她那天坦率談起了母親，但沒有挖苦的意思。不過後來她又

36 飛來波女郎（flapper）是一九二〇年代的一種西方次文化，強調一種新女性形象，這樣的女性通常穿短裙、剪鮑伯頭、聽爵士樂，而且對於合乎禮儀的舉止不屑一顧。

37 路易斯·布魯克斯（Louise Brooks，1906-1985）是舞者、演員，也是爵士時代的著名偶像。

說了很多，因此有了不少情緒，在她的言談之間，母親幾乎成為一個神話角色：這女人冷淡、自私，而且是頭自戀的禽獸，她從未對蘇珊表現出關愛之情，也不鼓勵這位天賦異稟的女兒，甚至沒注意到自己有個這麼傑出的女兒。「我會把完美的成績單帶回家，但她簽名時一個字也不會說。她從不稱讚我，對我的教育也一點都不感興趣。」

壞母親。龍女[38]。（同樣的：對大衛來說，她始終是「蜜爾卓德」，而不是奶奶。）她也非常小氣。「她一分錢也沒給過我。我去外地上學時都是靠自己。我本來有可能會餓死。」所有認識蘇珊的人都知道這個故事，也知道她的怨恨有多深。她認為自己深受忽視，甚至是遭到遺棄的孩子。照顧她的工作幾乎都被交付給另一個女人，蘿希，那是名愛爾蘭裔的美國女性，蘇珊稱她為文盲，在大衛出生後，這名女性又回到了蘇珊的生命中。（「我和大衛會打趣地說，這就是為什麼我們兩人這麼像，」蘇珊說。「因為我們的保母是同一位。」）

我們總是不停聽見她說：我媽從不在乎我發生了什麼事，我媽從來沒有陪在我身邊。一切都彷彿是昨天才發生的事。一道從未癒合的傷口。

38 龍女（Dragon Lady）是某種東亞或東南亞女性的刻板印象角色，源自於從一九三四年連載到一九七三年的連環漫畫《特里與海盜》（*Terry and the Pirates*），這樣的女性通常神祕、邪惡、強勢，而且相當具有性魅力。

她有過一名繼父，她的姓氏就取自他，另外還有一個妹妹。儘管提起他們時，她不像對母親一樣抱持深刻的憎恨知情，但表示和他們也不親。因為他們之間毫無共通之處。她是唯一的知識分子、唯一對文化懷抱熱情的人，也是唯一對政治有興趣的人。她的寫作，她的光榮成就，還有她精采的作家生涯——對她的親戚來說都毫無意義，她這麼說；對他們來說，她的世界就像存在於外太空。

現在我已經確定，〈中國旅行計畫〉就是——其實原本看來就是如此——徹頭徹尾的自傳故事。（這對她來說並不尋常，她解釋，她從來不是那種會直接書寫自身經驗的作家。事實上，「我反對自傳性書寫，」她說。）

她的父親死於肺結核，當時她才五歲。他是去中國工作時過世，而她母親是過了幾個月後才讓她知道他不會回來了，而且告知時採取了實事求是的態度，就好像那也沒什麼大不了。「就這樣，」蘇珊說，「我氣喘第一次發作了。」事後證明，她的氣喘情況確實夠嚴重，導致她們一家遵從醫囑離開了蘇珊出生的紐約市，然後在邁阿密短暫待過一陣子後再定居到土桑。她之後還出現偏頭痛和斷斷續續的貧血問題。她還記得自己每天都得喝一杯血，那是她母親從肉販那裡帶回家的（這畫面想起來實在令人不安）。

因為她幾乎不記得父親了，再加上很難得知他的資訊，她只好自己創造出這個人。可以想見，她理想化了父親。蘇珊（而且不只是她）難以想像那位平凡、缺乏好奇心，又毫無野心的蜜爾卓德有可能生出她這種孩子，所以她想像父親雖然沒有受過良好教育，卻擁有她得以景仰的好心腸和其他特質。我認為她是對的。我認為傑克．羅森布雷特[39]一定是個了不起的人物。她常常喜歡想，要是他還活著，他一定會是個好父親，也是家族中唯一能和她共鳴的人，而且能以她的成就為傲，甚至擁有和她一樣的愛好。當然，她的丈夫之前一直是很糟的父親，但她相信她的兒子不只會成為好父親，還會是了不起的父親。這件事她總是時不時要提起——正如她總要說自己是個了不起的母親。有一次她問我覺得自己之後是否能成為好母親，我說了實話——我不知道——她大感驚駭。「妳怎麼可以這樣說自己？」就彷彿我剛剛坦承了自己是個壞人。她表示就此議題而言，她從未懷疑過自己。事實上，沒生更多孩子是她最大的遺憾之一。她曾談起每看見一個嬰兒或幼童時，內心就會升起「想要犯罪」的情緒。「我想綁架他們！」就連看到動物的幼體都能讓她心痛如絞。某次她近距離看見一頭大象寶寶，她告訴我，她完全無法控制自己的情緒，「我哭了又哭。」（我想這一定是因為在大衛的童年時期，她有很長一段時間沒和他在一起。她常把他丟給其他人照顧，有時一丟就是很長一段時間。比如在他五

39　傑克．羅森布雷特（Jack Rosenblatt）為蘇珊．桑塔格的生父，在中國做皮草生意時去世。

歲生日那段期間，她去了國外，而且超過一年沒跟他見面。）

她告訴我，在大衛成長期間，每次只要她做了和自己母親相反的事（例如鼓勵他每次需要錢就自己去她的錢包拿，不用問，而且想拿多少就拿多少），她就會獎勵自己。「可以說自己跟媽媽不一樣的感覺實在很好。」而確實，她總是提供大衛大量的金錢。

我挺確定第一次見到大衛是在第三次去三四〇號公寓時。當時我正打算離開公寓，他剛好回家，蘇珊簡短為我們介紹了彼此。才過了一、兩天吧，她就打電話要我再去她家，我很驚訝，因為我們原本預定下週再繼續，但她卻要我那天下午就去。我說好，當然，沒問題。她聽起來很著急，我不想讓她失望。

我抵達時，蘇珊、大衛，還有跟他們住在一起的大衛友人都在廚房一起喝著咖啡。我們在那張臺桌邊聊了好一陣子，然後蘇珊和我才回到她的臥房工作。但我們根本還不算真正開始，她就舉起雙手投降，「我今天沒辦法處理，實在是沒有心情。我們何不出去吃點披薩？」她指的是我們四人一起，所以我們一起走去了阿姆斯特丹大道上的V＆T披薩屋。

我不記得我們當時談了些什麼——或者說他們，因為我確定我幾乎沒開口。我實在是太分心了。事實是，我當時狀態很差。我才剛發現住在一起約兩年的男友開始跟別人約會。他跟我說自己只是犯了錯，他還是想跟我在一起——他會放棄另一個女人——但我強烈懷疑這點。首先，我很清楚他的過往紀錄。他這人有個固定模式：在和某個女人交往一段時間後，他會開始和別的女人約會，然後透過這種在關係後半段腳踏兩條船的固定戲碼，他最後總會跟後來那個女人交往。所以我對我們的未來實在不怎麼樂觀，此外，我也不確定自己還想要這個男人。當時他和那個新女友都在《紐約書評》工作，兩人的關係已是公開的祕密。我不想讓蘇珊聽說這一切，但她其實已經知道了。她就是因此打電話給我，我們也是因此去了披薩屋。

事後我得知，上一次去三四〇號公寓，蘇珊替大衛和我彼此介紹，接著我回家，然後他問她我有沒有男友，她說有。但後來她幾乎是立刻從《紐約書評》的朋友那裡聽說了我八成已經分手的消息，於是鼓勵大衛打電話給我。他很害羞，但她可沒這問題。

接下來幾週的情勢發展如下：我搬出和男友一起住的公寓，搬進附近的一間分租公寓，室友是兩位剛大學畢業的學生。我的計畫是那年夏天先住在那裡，之後再找自己住的地方。我的男友繼續跟別的女人見面，對方很快就搬去和他同居。我開始和大衛約會。蘇珊則開始跟約瑟夫．布羅斯基[40]約會。

約瑟夫．布羅斯基最近剛在美國定居——他會在隔年成為美國公民——他於一九七二年遭蘇聯驅逐，來美國之前都住在歐洲的各個城市。他只有三十六歲，但由於之前的人生過得很艱困，比如在德國突襲列寧格勒期間幾乎要餓死，還經歷了一年半強迫性質的農場勞動（他之前因為「社會寄生」而被判了五年徒刑，勞動改造是刑罰的一部分，因此他在遭到減刑前被流放到俄國北部服刑），再加上強大的菸癮和心臟疾病，在在都讓他顯得很老。他幾乎算是禿頭，缺牙，肚子很大，每天都穿同樣骯髒又鬆垮的衣物，但在蘇珊眼裡的他卻非常浪漫。兩人的友情自此延續到他一九九六年去世為止，而在剛認識的這些日子，蘇珊真的很迷戀他。就跟許多美國文人一樣，蘇珊也覺得歐洲作家永遠比美國本土作家優越，對這些人來說，俄國作家更具備了特別崇高的特質，尤其是俄國詩人。更何況約瑟夫．布羅斯基來到美國時已獲得許多人的推崇，包括W．H．奧登[41]和安娜．阿赫瑪托娃[42]。他也是一位英雄，若真要說，甚至還是名殉道者：這位作家因為他的藝術創作而被迫受苦。此外所有人都知道他會得諾貝爾獎。蘇珊完全拜倒在他的魅力之下。無論是他隨興的發言，或是他總愛嘗試的雙關語（「弱多黎各」[43]），

40　約瑟夫．布羅斯基（Joseph Brodsky，1940-1996）為蘇聯出生的美籍猶太裔作家。

41　W．H．奧登（W. H. Auden，1907-1973）為著名英語詩人。

42　安娜．阿赫瑪托娃（Anna Akhmatova，1889-1966）為俄羅斯的重要詩人。

43　這裡是把代表波多黎各的「Puerto Rico」故意講成「Muerto Rico」，而Muerto在西班牙文中有「笨」還有「死」的意思。

又或是他心血來潮的聰明話（「如果你想要別人引用你的句子，就別引用別人的句子」），她都能看見其中閃現的靈光。她任由他囉嗦地咒罵托爾斯泰[44]（他認為托爾斯泰「沒有任何地方比得上杜斯妥也夫斯基，」[45]他不過就像自以為高尚嚴肅的瑪格麗特．米契爾[46]一樣，都是協助開創社會寫實主義道路的人罷了），也任由他發表一些更為古怪的文學評判（納博科夫的寫作「醃漬感太重」）。她可以原諒他的粗俗（他說在曼荷蓮學院教導的年輕女學生都是「蠢富家女」，而男同志下巴抬高的方式「就是想被肛」）。

「既然我撐過了這次，」蘇珊說，她指的是乳癌的事（不過當時她還在接受治療），「我有兩個願望：我要工作，也要活得有樂趣。」約瑟夫很懂樂趣。他有種嘴唇緊閉的可愛笑法，笑聲聽起來幾乎像是在抽泣，而且他很常笑。他曾是殘暴政權之下的受害者，心地卻仍極為柔軟。他發表意見時嗓門很大，他表示詩人是人類中較為優越的階級，而他本人儘管名列全世界最棒的詩人之一，卻不勢利眼也不自以為是。他很大方，也能自然表達出真誠情感，他喜歡享受快樂的時光——如果有很多人跟他一起共享更好——而且擁有一

44　列夫．托爾斯泰（Lev Tolstoy，1828-1910）為俄國著名小說家及哲學家。

45　費奧多爾．米哈伊洛維奇．杜斯妥也夫斯基（Fyodor Mikhailovich Dostoevsky，1821-1881）為俄國著名作家。

46　瑪格麗特．米契爾（Margaret Mitchell，1900-1949）為美國作家，名作《飄》（*Gone with the Wind*）出版於一九三七年。

種愛胡鬧又孩子氣的幽默感。他熱愛貓，有時還會用「喵」跟人打招呼。大衛當時有輛車，我記得我們四人開車在曼哈頓到處閒晃，四支菸同時點著，車內瀰漫著煙霧和約瑟夫低沉不斷的說話聲，還有他那有點滑稽的尖銳笑聲。

他想寫文章——不是用他的母語俄語，而是自學的英文。（他也開始用英文寫了一些詩。）他跟蘇珊一樣會為《紐約書評》寫文章。他看起來總是真誠且迫切地想知道她的看法，但她很為難。她想要誠實——她認為誠實是她的義務——但不知道他聽了會有什麼反應。最後她認為他無法接受她的城市，所以無法批評的她只能稱讚。不過這件事一直沉甸甸壓著她的良心。她有次試著要我去說她想說的話（「如果是從妳口中聽說，他可能不會那麼難受」），但我拒絕了。

至於她的感受，他就沒那麼小心照顧了。有一次，他試圖解釋為什麼她應該先停止書寫評論，而是專注寫小說時（她總是在抱怨無法好好寫），她說：「我不想努力，我受夠了。我想要技驚四座！」約瑟夫讀過她的小說，此刻非常嚴厲地說：「蘇珊，妳得知道，很少人可以技驚四座。」（另一方面，我還記得，珍．斯塔佛德的小說〈詩人的匯流〉[47]發表在《紐約客雜誌》上時，儘管採取的是他和蘇珊通常都瞧不起的寫實風格，他卻大肆吹捧了一番。）

47　珍．斯塔佛德（Jean Stafford，1915-1979）為美國小說家，〈詩人的匯流〉（An Influx of Poets）是發表在雜誌上的小說節錄片段。

他也嚴厲譴責蘇珊總是想要擁有很多書。他認為唯一處理書的合適作法，就是讀完之後送人。

「蘇珊、蘇珊，等一下，閉嘴，拜託，我還在說話啊！」他總是必須成為眾人的焦點，他必須是在場最高談闊論的人，儘管聽他說話確實挺愉快，但每當我們與他告別，我也總算能不受打擾地聽蘇珊說話時，我通常也很開心。至少對我而言，事後證明，蘇珊總能把事情講得更清楚，也更有啟發性。在許多方面——舉例來說，電影——她懂得比他多。

有這樣的機會聽他們兩人談話，我應該不用說明自己有多榮幸吧？現在回想，我希望我能從這段往事中感到更多喜悅——或至少能找到不那麼痛苦的回憶方式。

……我們以碰觸問候彼此，而沉默預示了離別。

我讀過約瑟夫在一九七三年出版的詩集英譯版，書中的序言是奧登寫的，整本詩集也用來紀念奧登（他也在那一年過世）。我記得大家在三四〇號公寓中討論最熱烈的是〈獻給約翰．鄧恩的輓詩〉[48]。但真正讓我忘不了的卻是〈戈爾布諾夫和戈爾恰科夫〉[49]第十篇中的這句詩。真的是至今還

48 〈獻給約翰．鄧恩的輓詩〉（Elegy for John Donne）發表於一九六三年。

49 〈戈爾布諾夫和戈爾恰科夫〉（Gorbunov and Gorchakov）是一首長詩，曾以書籍形式於一九七〇年出版。

忘不了。

那些日子裡，蘇珊和大衛最喜歡吃的是壽司（是他們讓我認識了這種食物），如果跟他們兩人或其中一人出去吃飯，通常代表要去哥倫比亞大道上的兩間日本餐廳之一，或者是位於某間中城旅館的餐廳，後者又更高檔一些。

不過如果是跟約瑟夫吃飯，就一定是去中國城。我還記得那天晚上的他，他的筷子上夾著一塊海參，對著桌邊所有人露出燦爛微笑。「我們這樣多開心啊，是吧？」他說，然後轉頭給了蘇珊一個吻。

那天晚上，我們讓他在摩爾頓街下車，他就住在那條街上。之後，他經歷了人生第一次心臟病發作。

我幾乎沒怎麼待在自己租的房間，但夏天快結束時（那段時間蘇珊幾乎不在美國，她待在位於巴黎的第二個家），我確實找到了一間新公寓。新公寓位於一個糟糕的街區。當時的上西城還帶有貧民窟氣息，而我的公寓就位於其中一個糟糕街區。沒等我把所有行李搬進去，我家就被搶了。鄰居說小偷就是公寓管理員，我也不是他的第一個受害者。我去質問管理員，他否認犯下罪行，但看起來天殺的就是他幹的——而且那傢伙很惡毒。我向房東抱怨，但他不想插手，只是疲倦地對我說：要是那麼懷疑，妳就換鎖吧。在我看來，那名管理員不只不老實，還有一點精神問題，畢竟他可以進入許多租客家裡偷竊，還在離開時留下一扇窗戶不關，假裝小偷是從外面進來（以我的公寓來說，小偷得要會飛才可能從外面進來），然後還一副若無其事的樣子。我開始覺得住在這裡很可怕。事實上，我也始終沒住進來。

話說回來，為什麼我要去跟其他作家一起駐村呢？蘇珊很想知道。她自己是絕不會幹那種事的。如果她打算密集工作一段時間，那就會去旅館，她之前就這麼做過好幾次，而且很喜歡。她會用客房服務叫三明治和咖啡，然後衝勁十足地工作。但是跑去某個隱蔽於鄉村的所在與世隔絕，在她看來實在很可怕。而且在鄉下地方能找到什麼靈感？我難道沒讀過柏拉圖[50]的著作嗎？（蘇格拉底曾對費德魯斯說：「我熱愛學習，樹和開闊的鄉村無法教會我任何事。」）

我從沒認識過比蘇珊更欣賞藝術及人體外貌之美的人——她總說「我是追求美麗的狂徒」——但在此同時，我也沒認識過比她更對大自然之美不為所動的人。在她看來，事實再清楚不過了：藝術優於大自然，城市優於鄉村。為什麼會有人想要離開曼哈頓——「那是二十一世紀的首都，」她總愛這樣說——然後跑去樹林裡待一個月？

50 柏拉圖（Plato）是著名的古希臘哲學家。蘇格拉底（Socrates）和費德魯斯（Phaedrus）都是他的重要門徒。

我曾說過很能想像自己未來搬去鄉下住的可能性，或許不是立刻搬去，但老一點之後可以，她聽到後大感驚駭。「聽起來就是退休的生活啊。」光是「退休」這個詞就讓她渾身不舒服。

因為她的爸媽住在夏威夷，她有時必須搭飛機去那裡。當我說我真的好想去夏威夷，還說那是美國最美的州時，她完全不明白。「但那裡根本無聊透頂。」在她的著作中，好奇心是至高無上的美德，她本人也擁有無止境的好奇心——但就是不包括自然世界。儘管她常讚嘆地談起自家公寓的景觀，我卻從沒見過她跨越街道，真正走進那座河岸公園。

有一次，我們正在城外一座校園中行走，一隻花栗鼠衝過我們前方，鑽進一棵橡樹底下的洞穴。「噢，妳看看，」她說。「就像迪士尼卡通一樣。」

又有一次，我給她看我在寫的一個故事，其中出現了蜻蜓。「那是什麼？妳捏造出來的東西嗎？」當我開始描述蜻蜓是什麼時，她打斷我。「其實沒差啦。」這件事一點也不重要，而且無聊。

就跟卑微一樣，無聊也是她最愛說的詞彙之一。另一個詞彙是「可資效仿」(exemplary)。對了還有一個，「正經」。「光看書架就能知道這人是否正經。」她指的不只是他們書架上的書籍種類，還有排列的方式。當時她大概有六千本書，其中真正會留下了的大概是三分之一。因為她，我將架上的書依照主題排列，而非字母順序。我想成為正經的作家。

「對女人來說可不容易，」她承認，這裡的意思是：她想變得正經，並認定自己是個正經的作家，也讓別人覺得自己是個正經的角色。她還是個孩子時就已經下定了決心。任由性別阻礙她的發展？這輩子別想！但大多數女人太膽怯了。大多數女人不敢主張自我，就怕自己看起來太聰明、太有野心，又太有自信。她們害怕自己看起來不像淑女，也不想讓自己看起來嚴厲、冷漠、自我中心，又或者傲慢。她們也擔心自己看起來太陽剛。而她的首要原則就是擺脫這一切顧慮。

關於蘇珊·桑塔格的故事，以下是我最喜歡的一個。

那是六〇年代的事，在成為法勒、施特勞斯和吉魯出版社的作者之後，她曾受邀到施特勞斯位於上東城的連排別墅參加晚宴。當時在施特勞斯家有個習俗，賓客在吃完晚餐後會分成兩批，男性聚到其中一個空間，女性則到另一個空間。有那麼一瞬間，蘇珊感到迷惑，但突然明白了是怎麼一回事。然後她也沒跟女主人說一聲，就直跟著男人走進了原本屬於男人的空間。

多年之後，多樂絲雅．施特勞斯開心地說了這個故事：「就這麼簡單！蘇珊打破了傳統，之後我們晚餐後再也不會分邊聊天了。」

她絕對不怕看起來陽剛，對於無法趕上她的其他女性也沒什麼耐心，也就是那些無法離開女性房間，走去加入男人的那些女人。

她總是穿著長褲（通常是牛仔褲）和低跟鞋（通常是運動鞋），而且拒絕小提包。女人跟小提包之間的連結讓她難以理解。她嘲笑我總是到處帶著我的小提包。女人怎麼會沒有小提包就感覺迷失呢？哪來的想法？男人就不帶小提包啊，難道我沒注意到嗎？為什麼女人要給自己找麻煩？為什麼不跟男人一樣直接穿有口袋的衣物，只要口袋裝得下鑰匙、皮夾和香菸就好？

（不過，如果打算參加在貝魯斯舉辦的理查．華格納音樂節[51]，她就得穿裙子。為了華格納，蘇珊願意把自己打扮成一個淑女。她在巴黎買了件打褶的黑色絲綢長洋裝，為了搭配這件洋裝還得穿絲襪和高跟鞋。回到紐約之後，為了好玩，她以同樣裝扮出席了施特勞斯夫妻在餐廳舉辦的晚宴。她在所有人面前搔首弄姿，而我們都覺得非常詭異，甚至有點變態。）

雖然她的外表總是受人稱讚，我卻從未覺得她因此感到虛榮。如果一定要說的話，我敢打賭，在她獲得的所有稱讚中，她最喜歡的來自皮特．漢彌爾[52]：「擁有她世代中最有

51 拜魯特音樂節（Bayreuth Festival）每年會在七月底到八月底之間舉辦，演奏的是理察．華格納（Richard Wagner，1813-1883）的歌劇作品。

52 皮特．漢彌爾（Pete Hamill，1935-2020）是美國的記者、作家和編輯。

才智的一張臉。」（無論如何，在他稱讚她之後沒多久——根據眾人從羅伯特．洛厄爾[53]的追悼會上聽見的說法——兩人就開始約會了。）她對自己外貌的看法則好壞參半：「有些時候，我望向鏡子，心想，嘿，我真的長得很好看。」但又有些時候，她看了只覺得內心一沉。

「我身上總有幾個特徵是所有人都覺得不太好看的，」她說。比如眼睛下方的眼袋，還有大家口中的「胖腳踝」。此外，她會咬指甲。她對懷孕留下的妊娠紋很在意，此外，儘管為了生存而失去一個乳房不算太高的代價，但就跟其他所有女性一樣，她無法對此處之泰然。然而，她拒絕表現出「羞恥」的樣子。她會把T恤撩起來，對別人露出疤痕。「看起來很棒吧？我以為會很醜，但其實就是把一個東西弄掉而已。」看起來也確實是如此。她在男人面前露出胸部時不會害羞，就算是剛認識的人也一樣。她覺得所有人都該對此感到好奇，也該能夠不避諱地直視。（她痛恨看到人們大驚小怪的模樣，我還記得有一次，跟她一起吃飯的某人發現眼前的泰國料理中有豬耳，臉色立刻刷白，蘇珊於是開始逗弄他，指著他盤子上的一塊豬肉說：「所以你覺得這應該是小豬的哪一部分呢？」）她曾考慮過胸部重建，但最後還是決定不做。不過當某個朋友對她的決定表示支持，並說反正蘇珊也

53　羅伯特．洛厄爾（Robert Lowell，1917-1977）是美國詩人。

不是個年輕女人了，她立刻發飆。「我沒打算這麼想。這樣講就好像，就好像指我的生活，也就是性生活，都已經是過去式了。」（事實上，她不希望年齡對她的人生造成任何影響。她或許很想趕快脫離童年，但卻希望可以一輩子不用面對可能衰老的現實。）

她說：「妳和我之間有一個很大的差別。妳會化妝，妳會以特定的方式打扮自己，這代表妳想引人注目，也刻意想讓人發現妳很迷人。但我完全不會試圖讓人注意到我的外表。如果對方願意，他們可以仔細觀察我，或許就會發現我很迷人。但我不打算刻意去讓他們注意到。」我採取的是典型女性的作法，而她則跟大多數的男性一樣。

她不化妝，但正如我們所知，她染了頭髮。她也會用古龍水，男性古龍水：迪奧的男性香氛。

而且就跟大多數女性一樣，她很在意自己的體重，她的體重數字起伏很大，通常跟抽多少菸有關，又或者跟寫作量有關，而她寫作量很大的時候通常也有在吃安非他命。四十歲之後，她體重過重的時間比沒有過重的時間長，而且就跟許多女人一樣擁有專屬的減肥飲食法：少吃六餐就能少掉六磅。不過這作法絕對稱不上輕鬆，畢竟蘇珊可愛吃了。（事實上，我們兩人最大的交集，大概就是令人有點不好意思的這一點：貪婪的食欲。）

但她對自己的身高很滿意。有一次，在某場關於女性主義的會議中，她因為吉曼．基爾[54]忌妒起來。「她是現場唯一比我高的女人。」（藝術家索爾．斯坦伯格[55]曾古怪地堅稱，蘇珊跟她的兒子不一樣，她兒子真的很高，但她其實是兩個人，就是兩個疊在一起的人。）不過整體來說，其他女人外貌的迷人之處從不會讓蘇珊心生忌妒。

她從來不運動——她這輩子沒有體態健康過——但只要遇上溫暖的天氣，又剛好身處在城市時，她總是很喜歡走路。她走起路來緩慢、散漫，有種扁平足的感覺，看起來並不優雅，但也不能說不迷人。她走路時會把下巴抬高，還總是用兩手的大拇指扣住褲頭，又或者是牛仔褲的口袋。

她很常穿黑色衣物，但黑色不是最適合她的顏色。她的橄欖色肌膚穿白色、玫瑰色和藍色比較好看。我認為她該穿一些讓她更柔和的顏色。我不懂她為何要看起來這麼強悍。她有時真的看起來像個獄卒。

她告訴我，以前必須有人來教她如何穿衣服。她在成長過程中對於衣著或穿衣風格一無所知。「我就是邋遢小姐。我覺得尼龍衣就夠好了。」

她常搖晃、甩動頭髮，再用單手的手指把髮絲從臉上梳

54 吉曼．基爾（Germaine Greer，1939-）為澳洲學者，激進女性主義運動的先鋒。

55 索爾．斯坦伯格（Saul Steinberg，1914-1999）是出生於羅馬尼亞的美國插畫家與漫畫家，作品曾刊載於《紐約客雜誌》。

開，那是她最具代表性的姿態之一。我實在不喜歡那簇白髮，因為在我看來一點也不自然。造就了她對美的「病態」（她自己的說法）迷戀有很多因素——特別是蘇珊自己。但應該這麼說，她能在外貌中看到的美，跟她能在其他事物中看到的美一樣，都包含了極廣闊的各種類型。她能看出各種不同風格的美，就算是在其他人不覺得有哪裡好看的男男女女身上，她都能看見美。如果有人擁有一項特別突出的特質——舉例來說，身材很好，又或者有雙大大的藍眼睛——那人就是「美得驚人」。舉例來說，當描述自己在北越觀察到的人時，她說「所有其他人看起來都是電影明星」，而我們究竟該如何解讀這種說法？在我看來，那就是她習慣說話誇張的一種表現：她熱愛的每部藝術作品都是大作，每位觸動她的藝術家都是天才，而所有表現英勇的男男女女都是英雄，至於路上遇見的每個人，不是美女海倫就是美少年阿多尼斯。

有時她會哀嘆一個人的外貌可以對她造成的影響。蘇珊非常憎恨某位已分手的愛人，就跟任何由瘋狂崇拜轉為憎恨的人一樣，蘇珊宣稱每次見到這女人都會讓她痛苦，而原因正是她的外貌之美。「如果她在外行動時可以用紙袋套住頭，那我就沒事了。」若是遇到有人無法看出這女人的美多令人震懾，蘇珊就會覺得他們一定是瞎了。

容易動情。我想到的是這個形容。她容易動情。「只要靠近某人，就算對方只是朋友，我總是能感受到兩人間的性張力。」她最後常會跟朋友上床。

儘管她對伊莉莎白．哈德維克的作品抱持敬意，卻也認為她是受到女性陰柔特質束縛的人（「我總是啊，這輩子，都在尋求男人的幫助，」哈德維克曾寫道），只是她展現出了嗆辣的南方版本。（另一方面，我有一次跟哈德維克聊起女性作家的話題，當時我提起了蘇珊，而她說，「她其實不算是個女人。」）

蘇珊認為維吉尼亞．吳爾芙是天才，但像我這種人把她推崇到比其他文學偶像更高的地位，在她看來完全是文學菜鳥才會做的事。此外，吳爾芙有些狀態——我認為跟吳爾芙的精神及生理疾病有關（換句話說就是她的軟弱）——總讓蘇珊覺得難以忍受。吳爾芙書信集的第一部最近剛出版，蘇珊說她根本看不下去。她受不了吳爾芙寫給摯愛老友薇奧樂·狄金森[56]的那些信，包括那些女孩子之間傻氣又親密的閒扯，還有吳爾芙愛把自己描寫成可愛小動物的習慣。蘇珊討厭任何孩子氣的語言，她總愛吹噓自己在兒子小時候從未用裝可愛的兒語跟他說話。

可是，她在我生日時送的禮物，是《海浪》[57]這本小說的兩頁親筆手稿。

56 薇奧樂·狄金森（Violet Dickinson），有傳言指出她和吳爾芙曾發生情慾上的關係，但並未獲得證實。

57 《海浪》（*The Waves*）是維吉尼爾·吳爾芙於一九三一年出版的小說。

每次有人提出跟經期有關的抱怨時，她都心存懷疑。她總能從容應付自己的月經，也覺得許多女人根本是誇大了隨經期而來的不便和不適，又或者她們是錯信了古老的迷思，才會認定女體是如此嬌柔與脆弱。事實上，她懷疑許多人都誇大了身體及情緒的痛苦，或者說反應過度，她之所以在患上癌症後能夠堅忍撐過激進的手術及化療，無疑也跟這種態度大有關係。就我的狀況而言，她給出的診斷很簡單：「妳就是有神經衰弱的問題。」大衛的前任女友有嚴重的經痛狀況，蘇珊因此開始擔心。「我不想要大衛覺得所有女人都這樣。」

有一次，在離家之前，我把一些棉條塞進小提包，她看了覺得惱火。帶小提包已經夠糟了，現在還帶這些：「我們只出門幾小時而已，妳不需要那麼多棉條！」（她也不明白為何有人需要這麼多內衣褲。她認為我該跟她學習：固定擁有一、兩套，每天晚上睡前把當天穿的洗乾淨就好。）

看到我蜷縮著躺在她兒子的大腿上時，她會冷冷瞪著我，臉上帶著「我知道妳在打什麼主意」的表情，態度嘲諷且故意口齒不清地說：「是個小女孩和她的大男人呢。」

・・・

她是一名女性主義者，但常批判她的女性主義姊妹及其相關論述過於天真、多愁善感，而且反智。對於女性在藝術作品中太少出場，而且被禁絕於經典大師殿堂之外的說法，她可說抱持敵意，而且會姿態強硬地提醒這麼說的人，經典大師殿堂（或者說藝術、天分、才華及文學等領域）都不是需要給予平等雇用機會的雇主。

她是個一名女性主義者，但覺得大多數女性都少了些什麼。她有個會固定見面的朋友，對方是名傑出的男性，她很喜歡聽他說話，儘管對方已婚，她還是常跟對方單獨見面。不過只要他的妻子一起來，那次的談話就一定會讓她失望。蘇珊抱怨地說，只要他的妻子在場，不知為何，這名本來傑出且能夠提供知識刺激的男人，說出的話就變無聊了。

她很氣惱地發現，就算是非常聰明的女人，相處起來通常也沒有聰明的男人來得有趣。

那年秋天，在我搬去三四〇號公寓沒多久，也是蘇珊被診斷出癌症的一年後，她又再次入院。在跟定期化療一起做的檢查中，她的醫生看到了值得擔心的跡象，認為必須開刀以進一步確認。雖然事後證明不過是虛驚一場，當時卻讓蘇珊和身邊的所有人陷入混亂。

妮可·斯特凡納[58]當時已跟蘇珊交往了幾年，兩人在巴黎有間房子，而她就在那段時間搭飛機來到紐約。她在手術前幾天抵達，待了大約一星期，直到蘇珊出院才回去。

能見到妮可讓我很興奮。我非常喜歡《可怕的孩子們》[59]，在這部一九五〇年由讓—皮埃爾・梅爾維爾執導的電影中，二十多歲的她展現出足以催眠觀眾的演技，因此收穫不少掌聲。不過在參與這部電影後沒多久，她就放棄了演員生涯——一部分是因為一場嚴重車禍，但根據蘇珊表示，另外也是因為她太有才華，缺乏成為電影明星應有的氣質。蘇珊顯然很崇拜能夠放棄既有名聲的她——另外更讓她崇拜的是：二次大戰期間，儘管妮可還只是個小女孩，卻已經參與了法國抵抗運動[60]。

妮可沒有繼續演戲，卻成了製片人，她製作的影片包括蘇珊的《應許之地》[61]，那部紀錄片的拍攝地點在以色列，拍攝時間大約是一九七三年末的贖罪日戰爭[62]前後。我和妮可見面時，她正努力而艱困地嘗試製作普魯斯特《追憶似水年華》[63]的電影版，那似乎是個受詛咒的計畫，之後的幾年

58 妮可．斯特凡納（Nicole Stéphane，1923-2007）是法國演員、導演及製片家。

59 《可怕的孩子們》（*Les Enfants Terribles*）為讓-皮埃爾．梅爾維爾（Jean- Pierre Melville）執導的電影。

60 法國抵抗運動（The Resistance）是在二次大戰後抵抗德國納粹對法國占領的運動。

61 《應許之地》（*Promised Lands*）是蘇珊．桑塔格在一九七四年上映的戰爭紀錄片。

62 贖罪日戰爭（Yom Kippur War）發生於一九七三年十月，是敘利亞和埃及聯軍在西奈半島及戈蘭高地上和以色列軍隊進行的戰爭。

63 《追憶似水年華》（*In Search of Lost Time*）為普魯斯特的意識流名作，出版於一九一三年。

她都在為此奮鬥。

妮可比蘇珊大十歲，她對蘇珊的情感帶有強烈的母性面向。她覺得照顧蘇珊是她的責任，這份責任最後都以「餵食她」來展現。事實上，每次只要來紐約，她都會把大部分時間花在採買食材上（她喜歡高檔食材店扎巴爾，還有位於城市另一頭上東城的羅貝爾肉鋪[64]），另外就是準備美味的餐點，但每次過程中總會發生一些戲劇化事件。通常當她在廚房中忙碌時，你能聽見她用法文喃喃自語、咒罵連連，還會不停摔東西。許多事都令她挫敗，除此之外，當時的上西城廚房中總是爬滿蟑螂。不過這次來訪，情況已經到了什麼都能惹惱她的程度，而且她每天至少會哭泣或暴怒一次，又或者兩者都無從避免。

靠著之前的好演技，她讓我相信她每次見到我都無比欣喜，她歡迎我加入這個家庭，而且對此感到再開心不過，但事實並非如此。她和大衛相處的過往並不順利，每次蘇珊和兒子起衝突時，她總是站在蘇珊那邊。而現在他找了個連蛋都不會煮的女友，在她看來實在很惹人厭——但也不能說有多意外。她搞錯了某人無意間說出的一句話（妮可的英文不好），於是深信我在吃某種超級危險的避孕藥（其實我根本沒吃任何藥），導致我之後可能生出怪胎，而且不管怎麼解

64 扎巴爾高檔超市（Zabar's）和羅貝爾肉鋪（Lobel's）皆為紐約名店。

釋她都不相信。換句話說，我就是個魯莽又無能的人，而且因為老是黏著大衛，就連在公開場合也不例外，根本像個蕩婦，還害他看起來很蠢鈍無能，她這麼說。

這些對我的指控——還有其他更多指控——她都是對跟家族親近的友人說，這些人也會把她的話告訴我，大概這也正是她想要的結果。不過在我面前時，她還是表現得……無比欣喜。

有時她會用黑色麥克筆在冰箱裡的許多物件寫上「只有蘇珊能吃！」

只要不在蘇珊身旁，她就擔心她，其中最擔心的就是她的飲食。（就連蘇珊生病之前，大家就已經知道蘇珊會從巴黎打電話到紐約當地的小賣店，就為了訂購各種雜貨送到蘇珊家門口。）她怎麼可能放心呢？畢竟掌控蘇珊命運的人是大衛和我，而這對情侶自私又一無是處。

確實，妮可一離開，我們就恢復了原本的外食習慣，就算不外食也是叫外賣，從無例外。除了妮可或其他來訪的客人之外，我不記得有誰在三四〇號公寓煮過像樣的一餐。就算是為了招待客人也沒有過，節日也不例外。如果有客人來，對方會獲得一杯巴斯特羅牌的即溶咖啡[65]（絕不會是任何種類的酒），又或者我們會邀請對方跟我們一起吃冷凍微波餐，不然就是一碗罐頭湯。大衛對垃圾食物上癮，可以一整天只吃薯片。在開始擔心硝酸鹽中的致癌物質之前，蘇珊始終習慣靠著一包培根做出一餐。每隔一陣子，我們其中會有某人試圖把小羊排或雞翅丟到平底鍋上，想辦法胡亂搞出一餐。有一次，我從超市帶了一條豬肉捲回來，蘇珊為我示範如何用古巴風格烹調，因為她的前任愛人是古巴出生的劇作家瑪麗亞·艾琳·弗內斯[66]，而她之前都是這麼煮的：把許多蒜瓣塞進肉捲的切口中。

我還記得在我搬進去後的某一天，我們三人一起坐著，每個人都餓到不行卻又懶到不行，同時努力思考到底能吃什麼。我表示自己可以出門買鮪魚罐頭和一條麵包回來做三明治，還能搭配薯片一起吃。蘇珊和大衛交換了眼神。「吃這麼簡單？」蘇珊說。所以我去為大家買了古巴中餐館的外帶餐點，那間餐館位於一〇九街和百老匯大道的街口。

蘇珊不停努力向我保證，妮可來訪時的壞心情實在不是我的錯，而事實上，她們的關係中確實充滿衝突，而且正在混亂中緩慢地分崩離析。那年夏天在巴黎的時候，她們就已經吵個不停。她們後來一直是朋友（妮可比蘇珊多活了不到三年，在二〇〇七年的八十三歲過世），但當時兩人的情侶關係已經走到了盡頭。

65 巴斯特羅牌的即溶咖啡（Café Bustelo）是在古巴流亡者當中非常受歡迎的咖啡品牌。

66 瑪麗亞．艾琳．弗內斯（Maria Irene Fornés，1930-2018）為古巴裔美籍劇作家，也是一名導演。

妮可來訪後沒多久，之前和蘇珊談過戀愛的一個女人跑來家裡住。這個名叫卡洛塔的義大利女人平常住在羅馬。她和我相處沒問題，但儘管跟妮可相比個性隨和，卡洛塔卻很容易憂鬱，幾乎像是罹患了緊張症，這點讓蘇珊很受不了。

事實上，逃過了一劫的蘇珊自己也很憂鬱。在蘇珊有困難的時候，妮可和卡洛塔願意大老遠來陪伴確實很不錯，但另一方面，她和這些人曾以浪漫及激情展開的關係早已死去，而被迫回想起這些實在不太能讓人打起精神。蘇珊覺得孤單。她不想覺得孤單。她想沉浸在愛裡。（她對愛有信仰，一旦失敗就很慘，她覺得那種慘帶有一種恐怖。）她其實想結婚，所以總是覺得痛苦，因為無論多在乎自己的另一半，她這輩子就是沒有一段關係可以長久維繫下去。她跟約瑟夫．布羅斯基的韻事也很短命，而且結束時讓她很不好過。事實上，他表現得相當惡毒。（「跟惡毒又聰明的男人或傻女人交往，」某次她打趣地說，「看來是我的宿命。」）儘管她總是大肆批評和菲利普．里夫的那段婚姻，但隨著時間過去，她也會留戀地回憶起兩人的親密過往：他當時太不想跟她分開，甚至會因此跟著她去洗手間。「就算我想尿尿，他還是會跟我講個不停。」而且他們似乎總有說不完的話。她所渴望的就是這種親密關係，也很怕自己再也不可能擁有了。她當時正在寫作——主要是攝影相關的文章，她從一九七三年開始寫最後兩個系列——但她卻沒有樂在其中。

這些年來，我見過或聽說許多人曾表示，他們是在年輕時讀了蘇珊．桑塔格的作品才想成為作家，而且這種人多到驚人。儘管我的情況並非如此，她對我的思考及寫作仍產生了深遠的影響。我有機會認識她時已經離開了學校，但就學時期的我是個對大多事物漠不關心又心思散漫的學生，我所擁有的知識體系嚴重殘缺不全。她不是在紐約長大，卻遠比始終住在這裡的我更像個紐約客，因此若有任何人想理解這座城市的文化生活，絕對沒有比她更好的嚮導了。幾乎可說毫無疑問的是，我認為遇見她是我這輩子最幸運的機遇之一。我遲早還是很可能自己發現像是約翰．伯格[67]、華特．

班雅明、蕭沆[68]，和西蒙．韋伊[69]這類作家的好。但事實不會改變，我確實是從她身上最先學到了這些知識。儘管我確定她常在發現我沒讀過什麼或不懂些什麼時感到氣餒，但她從未讓我覺得自己丟臉。其他的不說，她很清楚來自一個不怎麼讀書又缺乏求知精神及指引能力的家庭是什麼感覺。她說，「妳和我兩人跟大衛不同，他打從出生就能理所當然擁有很多。」

67 約翰．伯格（John Berger，1926-2017）為著名英國藝術評論家及畫家，另外也寫小說和詩。

68 蕭沆（E. M. Cioran，1911-1995）是羅馬尼亞旅法哲學家，虛無主義及懷疑論的重要思想家。

69 西蒙．韋伊（Simone Weil，1909-1943）為法國宗教思想家，也探討神祕主義。

我之前發表了一篇有關蘇珊的紀念文章，其中提到她不是個勢利鬼，之後我聽說一些人憤怒地表示：所有人都知道她就是個可怕的勢利鬼！但我的意思是，無論一個人的出身多麼低微，她都不相信單憑此點能讓人缺乏任何可敬的特質，因此她不是個階級上的勢利鬼。她會注意到為家裡打掃的年輕女性儘管未受教育，卻在「舉手投足間散發美麗、自然的貴族氣息」，她就是這種人。另一方面，她從不會假裝一個人的成功不用仰賴——而且程度不小——所謂的人脈（有名女性為了拿到某份獎學金來請她寫推薦信，她說，「她永遠不可能拿到那份獎學金——不是因為她不夠好，只是因為沒認識對的人」），她也不會假裝不懂帕斯卡爾[70]說「出身好人家就能少三十年努力」是什麼意思。

事實上，出身好的人（總有這類人追著蘇珊跑，而且數量驚人）總能用各種方式讓她感到不可思議。她曾從晚宴帶了這樣一個故事回來：其中一名賓客是出生富貴好人家的女性，她在現場睡著了，而就在其他人喝著咖啡時，她就坐在那裡，頭往後仰，嘴巴開著大聲打鼾。蘇珊講述這個故事的語調帶有欽佩之情。「這才是對自身階級擁有的真正自信啊。」另外還有個引發她欽佩之情的故事，在某場戲劇的預演結束後，製作團隊的年輕贊助人邀請她和一大群人去餐廳

70 布萊茲・帕斯卡爾（Blaise Pascal，1623-1662）為法國著名思想家、哲學家及科學家。

喝飲料。當侍者領班表示，如果我們所有人只打算點飲料，他們沒辦法安排我們入座時，那位年輕人表示，「沒問題，就為我們上飲料吧，但你可以收我們晚餐的錢。」（意思當然是算在他的帳上。）某次在機場，坐在蘇珊身旁的男子皮膚非常好，她對他的美麗感到讚嘆，於是在內心偷偷打了個賭。結果當然，事後她告訴我們，等到要登機時，那個男人買的果然是頭等艙機位。

她很常在觀察後做出這類結論，但不代表她是個勢利鬼。一個人究竟出身「好家庭」或「壞家庭」真的是她最不在意的事了，她知道這種分類只能反映表面上的真實。無論一個人來自哪裡，對她來說真正重要的是對方有多聰明——

不用說，因為她就是個菁英主義者。如果你夠有品味，對於知識也抱持好奇心，那甚至不用很聰明也沒關係。當然如果你漂亮又美好，那甚至也完全不需要是個聰明人。儘管書店店員不知道她的名字會讓她惱火，當一名紐約芭蕾舞團的舞者在他人介紹給她認識時說：「所以妳是做什麼的？」（哪個蘇珊？）她卻也完全無所謂。

我所學到的知識體系殘缺不全，這點並不讓她驚訝。她對美國教育及普遍而言的美國文化評價並不高，所以能夠理所當然地認定，我光是在三四〇號公寓待上一年學到的就比花六年讀美國大學還要多。她是個天生的指導者，雖然沒有他人口中的那種門徒（我想只有大衛能算是吧），但只要跟蘇珊一起生活，或者跟她長期相處，你就不可能不受到她的教誨。就算有人只跟她見過一次面，離開時也可能帶著一張她開的閱讀清單。她有誨人不倦的天性，而且愛說教；她想具有影響力，也想成為他人的學習對象，她想成為楷模。她想提升他人的心靈，琢磨他們的品味，也想跟別人說些他們不知道的事（有些時候，那些事對方根本不想知道，但她仍天殺地堅持他們非知道不可）。但就算她把教育他人視為一種責任，卻也在其中找到許多樂趣。她跟小說家托馬斯·伯恩哈德[71]筆下可笑的「占有欲思想家」剛好相反，「占有欲思想家」靠著幻想維生，在他的幻想中，所有他熱愛的書籍、繪畫或音樂作品都是為了他一人創作，同時也只屬於他，而這種「自私霸占藝術」的心態，讓他光是想到有其他人在享受或欣賞這些天才作品，都顯得難以忍受。她希望大家跟她感受到同樣的熱情，面對那些曾讓她無比愉快的作品時，她希望大家也能擁有同樣強烈的感受。

我搞不懂她的某些愛好。當我們坐在電影院分食一條巨大巧克力棒時，我不停在想，為什麼她會想看凱瑟琳．赫本[72]的兩部老電影連映，畢竟她自己也說，這兩部電影她已經看了超過二十次。當然，她對看電影很「癡迷」（另一個她最愛的詞彙）——那是從未看過電視的人才可能擁有的癡

71 托馬斯．伯恩哈德（Thomas Bernhard，1931-1989）是奧地利小說家。

72 凱瑟琳．赫本（Katharine Hepburn，1907-2003）為好萊塢名演員，也投身女性運動。

迷。（可我們現在知道了：如果一種尺寸的螢幕無法讓你上癮，總會有另一種尺寸能成功。）我們一天到晚去看電影。小津[73]、黑澤[74]、高達[75]、布列松[76]、雷奈[77]——每個名字在我心中都跟她的名字連在一起。是跟她一起去看電影時，我才第一次知道坐在靠近銀幕的座位看電影多令人感到興奮。另外正是因為她，我現在去看電影仍會坐在前排，也仍抗拒在電視上看電影，而且始終無法說服自己把電影的錄影帶或 DVD 租回家看。

在所有當時的美國作家中，她除了敬佩哈德維克之外，還仰慕唐納德·巴塞爾姆[78]、威廉·加斯[79]、倫納德·麥可斯[80]、瓊・蒂蒂安[81]，還有格拉斯・佩利[82]。但相對於當代美國影像作品，她已經不怎麼閱讀當代美國小說（她哀嘆地

73 小津安二郎（Ozu Yasujiro，1903-1963）為知名日本導演及編劇。

74 黑澤明（Akira Kurosawa，1910-1998）為知名日本導演及編劇，名作包括《羅生門》、《七武士》。

75 尚盧・高達（Jean-Luc Godard，1930-）奠定法國新浪潮的電影導演之一。

76 羅伯特・布列松（Robert Bresson，1901-1999）為著名法國電影導演。

77 亞倫・雷奈（Alain Resnais，1922-2014）為法國電影導演，名作包括《廣島之夜》和《去年在馬倫巴》。

78 唐納德・巴塞爾姆（Donald Barthelme，1931-1989）是美國後現代主義小說家。

79 威廉・加斯（William Gass，1924-2017）為美國作家、評論家及哲學教授。

80 倫納德・麥可斯（Leonard Michaels，1933-2003）是美國作家、教授及評論家。

81 瓊・蒂蒂安（Joan Didion，1934-）為美國作家，近年獲得美國圖書獎的作品是二〇〇五年出版的《奇想之年》（*The Year of Magical Thinking*）。

82 格拉斯・佩利（Grace Paley，1922-2007）是美國小說家，作品著重於城市生活。

表示，當代美國小說大概只能粗分為兩類：過時的郊區寫實主義，或者就是「布魯明黛百貨公司的虛無主義」）。在她看來，上一本出版的一流美國小說作品是《八月之光》，那是福克納[83]的作品（她尊敬但不熱愛的作家）。當然，菲利普．羅斯[84]和約翰．厄普戴克[85]都是好作家，但她對他們的作品就是無法產生興趣。再之後，她也不覺得瑞蒙．卡佛[86]對美國小說帶來的巨大影響有何值得高興之處。這完全不是因為她反對極簡主義，她表示，而是她對於「寫作跟說話一樣」的作家就是提不起興致。

真正能讓她提起興致的是一些歐洲作家，像是伊塔羅．卡爾維諾[87]、博胡米爾．赫拉巴爾[88]、彼得．漢德克[89]和史

丹尼斯瓦夫・賴[90]。相對於她那些野心比較小的美國同胞，他們創作的是更為大膽的原創性作品，另外同樣了不起的還

83 《八月之光》（*Light in August*）是美國作家威廉・福克納（William Faulkner，1897-1962）出版的小說，是他的代表作之一。

84 菲利普・羅斯（Philip Roth，1933-2018）是當代獲獎數量最多的美國作家之一。

85 約翰・厄普戴克（John Updike，1932-2009）是美國知名小說家，作品曾兩次獲得普利斯獎（Pulitzer Prize）。

86 瑞蒙・卡佛（Raymond Carver，1938-1988）美國知名極簡主義短篇小說家。

87 伊塔羅・卡爾維諾（Italo Calvino，1923-1985）出生於古巴的義大利作家，小說充滿奇想及寓言的元素。

88 博胡米爾・赫拉巴爾（Bohumil Hrabal，1914-1997）為捷克小說家，擅長寫邊緣人的生活。

89 彼得・漢德克（Peter Handke，1942-）是奧地利作家，二〇一九年獲諾貝爾文學獎。

90 史丹尼斯瓦夫・賴（Stanislaw Lem，1921-2006）是波蘭科幻小說家，作品探討各種人類生存本質的各種哲學性議題。

有拉丁美洲的作家，像是豪爾赫．路易斯．波赫士[91]和胡利奧．科塔薩爾[92]。跟平庸的美國當代寫實主義相比，她喜歡將所有突破形式及文類的高度創造性寫作都稱為科幻小說。她認為一名作家就該立志寫出這種文學作品，她正是致力於此，也認為這種作品的重要性能夠歷久不衰。

只要是她推薦我讀的書，我不記得有哪本是我讀過之後不感到慶幸的。最後幾次跟她見面的其中一次，她聊個不停的作品是溫弗里德．格奧爾格．澤巴爾德的《移民》[93]。《移民》後來成為我最愛的書之一，澤巴爾德也對我對我影響甚鉅——同樣的，也是她第一次讓我認識了這個作家。

如果是閱讀，她要我讀什麼我都願意，但寫作就完全是另一回事。

儘管她用一貫的方式不停刺探（「我快要好奇死了！」），我還是花了幾週才鼓起勇氣拿了作品給她看。我最後給她看的「故事」其實根本稱不上是故事，而是芙蘭納莉・歐康納[94]（另一個蘇珊不愛的重要美國作家）曾抱怨新手小說家「幾乎聚焦於尚未發展成形的想法和情緒」而寫出

91 豪爾赫・路易斯・波赫士（Jorge Luis Borges，1899-1986）為頗負盛名的阿根廷作家及翻譯家，作品中常蘊含各種哲思。

92 胡利奧・科塔薩爾（Julio Cortázar，1914-1984）為阿根廷作家，魔幻寫實主義的代表小說家之一。

93 溫弗里德・格奧爾格・澤巴爾德（W. G. Sebald，1944-2001）為德國作家，作品常突破既定的文類界線，《移民》（*The Emigrants*）是他一九九二年出版的作品。

來的東西。蘇珊立刻看出了問題所在。「妳需要一個衝突（agon），」她說。接著當然，她得跟我解釋那代表什麼意思。

另外還有幾次，她提醒我不要把一切寫得太直白，她說我該嘗試用更隱晦的方式寫作，行文也要更流暢，好讓節奏緊湊一些。（「如果現代主義教會了我們一件事，那就是：速度就是一切。」）根據她的說法，描述某個夜晚「悶熱」就跟描述某人有「顯眼的灰髮」一樣糟。

不過針對我給她看的作品，我不記得她說過其他有幫助的話。大多數的問題都在我身上：我就跟我後來開始教導的那些學生沒兩樣。畢竟許多年輕作家並不想聽到批評，只想聽到稱讚，其餘免談。蘇珊也確實會稱讚我，事實上，她對此表現得過度大方。（「我真是放心了，」她在第一次讀完我的作品時如此坦承。你可以看出她是真心這麼說。她有在教一堂寫作學程，所以很清楚擁有創意寫作文憑的人不必然能寫出像樣的句子。）但因為我不喜歡她的小說——我在她的語言及風格中找不太到值得景仰之處——所以也不信任她對寫作發表的意見。

「如果是其他作家，會儘量避免將一個詞在同個段落使用兩次。我則是不喜歡將一個詞在同一頁中使用兩次。」這

94 芙蘭納莉．歐康納（Flannery O'Connor，1925-1964）是美國南方文學中相當具有影響力的作家，作品具有哥德風格，主題都跟南方地區的人情倫理及道德生活有關。

其實是誇大的說法——就像她常說：「我在意每個逗點的用法。」但我心想，若換作是個更有自信的作家，其實不會如此焦慮地嚴格執行這類原則。更有自信的作家不會像她一樣執著於同義詞的轉換。她寫作時還常必須依靠的是一個夥伴，比如在長時間潤飾手稿時，她就需要有人一直坐在她身邊。有時那個對象必須搬進公寓好幾天，兩人一起在蘇珊的房間工作，他們會討論每一個想法，確認每一行字，甚至是每個逗點符號的使用。我從沒聽過其他作家這麼做，不過這種安排顯然對蘇珊很有幫助，她說比起獨自工作，有人一起總是讓她比較開心。她痛恨獨自做任何事，如果說作家有必要獨自生活，就算她做得到也會想盡辦法迴避。此外她也跟我認識的大部分作家不同，她喜歡將不同階段的成品到處拿給別人看，大衛、我或其他讀者都看過她的許多初稿。有一次，我去她家接她（當時大衛和我已經沒在約會了），我才剛到，她就把《愛滋及其隱喻》[95]的初稿遞給我，要我當下立刻把全部一百頁讀完，反正晚餐晚點吃也不會怎樣。

在我作品原稿的其中一頁上，她把「趕忙」圈起來。「再想想，人們真的有想趕時間嗎？會不會那只是一種說話的方式？其實更像一種匆忙的姿態，不是嗎？我會改成『行色匆匆』。」

95 《愛滋病及其隱喻》（*AIDS and Its Metaphors*）是蘇珊．桑塔格於一九八九年出版的評論文集。

我沒有接受這個建議。

事實上，她的大部分建議我都沒有接受，這點讓她感到受傷。這麼做看來勢必顯得傲慢又不敬（現在在我看來也很蠢），她始終記在心上。之後幾年，她還會要求我把作品給她看，但我真的拿去之後，她又會當作沒這回事。因此，儘管她還是一直跟我要，我卻不再給她了，她又過一陣子後也不再要了。最後一次給她（我後來出版第一本小說的開頭章節）的幾個月後，我還是沒有聽到她的消息，後來我們一起吃了晚餐，我問她是否讀過了那一章。「當然讀了，」她說，態度就彷彿我在找她麻煩一樣不悅。「我立刻就讀了。」但針對這個話題，她一個字也不願再談起。

等我開始把小說投稿去文學雜誌卻又遭到退稿後，她表示一切都是我的錯。「妳太想發表了，」她說話的口氣只讓我更氣餒。某次在其他一些人面前，她對我說，「所有其他人都發表了他們的爛作品，為何妳還沒發表妳的爛作品？」

多年之後，我聽說她會參加我有出席的一場朗讀會，內心立刻一沉。她不是來聽我朗讀（順道一提，我們當時已經幾乎十年沒見面了），而是來聽跟我一起參加當晚節目的另外兩位作家，他們都是她的朋友：伊莉莎白．哈德維克和達瑞爾．平克尼[96]。朗讀會結束後的招待會上，她只面無表情

96　達瑞爾．平克尼（Darryl Pinckney，1953-）為美國小說家。

地對我說了，「妳讀得很好。」

不過朗讀會結束沒多久，我坐在擔任客座教授的史密斯學院辦公室內時，電話響了，打來的人是蘇珊。我簡直不能再更驚訝了。她似乎剛剛得知我獲選參加那年由美國藝術暨文學學會獎助的交流計畫「羅馬獎」[97]。「妳一定很興奮，」她說。事實上，每次只要想到那年秋天要去羅馬的美國學會駐村一年，我就緊張到快崩潰了。

「妳知道嗎？他們曾有一次要頒這個獎給我，」她說。（我之前並不知道。）「但當時我沒辦法接受。我以為他們之後會再給我這個機會，但始終沒有。」她說話的口氣讓我忍不住緊張地吞了口口水。她問我有沒有讀她最近出版的第四本小說《在美國》[98]，我本來想努力擠出一些話來說，因為我還沒讀過——或者應該說，我只在兩份不同的文學刊物中讀過一些節錄片段，但最後我只是直接說「還沒」。就在我正要開始多說些什麼時，她打斷了我。「聽著，我不是打來聊天的，只是說聲恭喜。」然後她趕忙，或者說匆忙地，掛掉了電話。

97 Rome Prize fellowship from the American Academy of Arts and Letters。

98 《在美國》（*In America*）為蘇珊·桑塔格於一九九九年出版的長篇小說，此書榮獲了二〇〇〇年的國家圖書獎。

她是個天生的指導者……但痛恨教書。妳要盡可能少教書，她說，最好是完全不教書：「我見過我這一代的許多頂尖作家都給教書毀了。」她說作家的生活跟學院生活永遠不可能相容。她很喜歡說她是自廢頭銜的學院人，甚至更為自豪地表示她是「自己出師」的作家。我不靠任何人教，她說。不過在僅僅十七歲時，她想必仍有從跟她結婚的大學教授身上學到些什麼。她也記得一些優秀的教授，其中包括列奧·史特勞斯和肯尼斯·柏克[99]，她提到他們時總是讚不絕口。但無論這些人曾帶給她多大的啟發，都不是為了要讓她成為一個優秀的老師。

就跟許多其他作家一樣，她把教書視為一種失敗。（我曾在哥倫比亞的一堂課上遇到理查·葉慈[100]來教課——每次上工時，他總是一副喪家之犬的模樣——我還記得他喃喃自語：「諾曼·梅勒[101]可不用教書。」）此外，蘇珊始終不想受雇於任何人。教書最糟的部分在於這是份無從迴避的「工作」，而任何工作對她來說都是羞辱。不過話說回來，光是從圖書館借書而非購買屬於自己的一本，對她來說就已經是

99 列奧·史特勞斯（Leo Strauss）那時為芝加哥大學的政治哲學教授，肯尼斯·柏克（Kenneth Burke）則在芝加哥大學教授文學批評。

100 理查·葉慈（Richard Yates，1926-1992）為美國小說家，首本小說《真愛旅程》（*Revolutionary Road*）就入圍國家圖書獎，但生前並未以小說家的身分獲得商業成功。

101 諾曼·梅勒（Norman Mailer，1923-2007）為美國著名的記者、小說家、政治運動者和製片家，他的小說曾兩次入圍普立茲獎。

羞辱，而且搭乘大眾運輸系統而非計程車也能讓她深感羞辱。「我搬到紐約時」——二十六歲，一九五九年——「就向自己承諾，無論有多窮，我都絕不這麼做。」這麼幹太下賤了，她的語氣如此透露。這算天后架子嗎？她似乎認定任何有自尊心的人都能理解，也會擁有跟她一樣的感受。

不管跟她去那裡，只要一走出大門，她就會立刻走到人行道邊舉起手臂揮舞。那時的她常在天氣變冷時穿一件綠色的羅登厚呢外套。（根據我的回憶，妮可也有一件。）那件外套縫線在其中一條袖子下方裂開了，但她始終沒能去補好，於是只有在招計程車的時候，那個小洞會袒露出來。

我覺得很奇怪，她從不談起人生中的某些部分——比如她其實有教書，無論是在我認識她之前還是之後。但關於自己的學生生活，她倒是很常談，事實上，我從未見過有人如此敬畏地談起自己的學生時光。每次談起那段歲月，她的臉龐就漾出異樣光彩，我因此禁不住想，那一定是她人生最快樂的時光。她愛談起在芝加哥大學由哈欽斯發起並以嚴謹著稱的「偉大著作」計畫[102]。她就是在芝加哥大學拿到大學文憑，並在那裡鍛造出後來擁有的心智；同時也是在那個地

102 芝加哥大學的校長羅伯特．哈欽斯（Robert Hutchins）與其他人共同發起了西方世界偉大著作（Great Books of the Western World），此套書的第一版出版於一九五二年。

方，她就算不能說學會了如何寫作，也確實學會了如何細讀及批判思考。她仍珍藏著那段時期的課堂筆記，而且一直很愛買各種筆記本、原子筆、鉛筆、打字紙，以及她用來寫大篇幅初稿的橫線簿。

現在我才意識到，她之所以抗拒教書，應該至少有一部分是因為她太熱愛當學生了。她一輩子都保有學生的習性和氣息。除了身體之外，她也總是保持著年輕的狀態。親近她的人總覺得她像個孩子（她無法獨處，總是對許多事物感到讚嘆，喜愛崇拜英雄，而且需要把尊敬的人偶像化；她一直到了罹癌的四十歲都沒有買健康保險，儘管那個年代的保費很容易負擔）。大衛和我常開玩笑地說她是我們的「可怕孩子」[103]。（有一次她努力想完成一篇文章，但因為我們不夠幫忙而感到憤怒時說：「你們就算不是為了我，至少也要為了西方文化幫幫忙吧。」）她在我心裡始終都像一名學生，而且是名狂熱的學生：整晚熬夜、身邊堆滿書籍和文章、呼安非他命、菸不離手、閱讀、作筆記、敲打打字機、充滿幹勁，而且不服輸。她是報告會拿A＋的那種學生，也是班上第一名的那種學生。

就連她的公寓都會讓人聯想到學生生活——極度反布爾喬亞、毫不羞赧地展示出不舒適的氛圍[104]。她公寓的主要特

103 這裡說的「可怕孩子」（*enfant terrible*）是呼應蘇珊女友妮可曾拍的電影《可怕的孩子們》（Les Enfants Terribles）。

104 這裡使用的是德文：ungemütlich。

徵就是不停增加的書籍，但大多是平裝本，書架也是便宜的松木板。由於沒什麼家具，空間內也沒什麼裝飾用物件，此外窗簾和地毯都沒有，廚房也只有基本設備。廚房中有大約六平方呎的空間被一臺老舊冷凍櫃占據，但那座冷凍櫃已經好些年不能用了。一把尖嘴鉗放在電視上方——因為轉臺鈕壞了，必須靠鉗子轉動。每個初次來訪的人都會驚訝地發現，這位頗負盛名的中年作家過著像是研究生一樣的生活。

（世事都會改變。到了大約五十五歲時，她說：「我發現我就算沒比認識的人更努力，至少也沒比較懶，但我賺的錢比他們任何人都少。」所以她開始針對那部分的生活做出改變，但我描述的是之前的狀況——後來她就搬去豪華的雀兒喜頂樓公寓，也開始擁有巨大藏書間、罕見珍本、藝術收藏、設計師款衣物、鄉間別墅、個人助理、管家，還有自己的主廚。等我長到她在我們兩人初相遇時的年紀後，她對我搖搖頭，說：「妳有什麼打算？這輩子繼續活得像個研究生？」）

每次只要有大學提供她教書機會，知道不該拒絕的她內心總會非常煎熬，但儘管她需要錢，最後通常還是會拒絕，然後為此恭喜自己。有些賺得比她多很多的作家仍會受到終身教職吸引，她對此感到不可思議。另外若有作家抱怨教書讓他們過得很慘，干擾了他們的寫作生活，她聽了也會生氣。

普遍來說，只要有人做了不是真心想做的事，她就會看不起他們。她相信除非是非常貧窮，不然大多數人都能創造自己想要的生活，而且在她看來，為了安穩而選擇放棄自由必須遭到譴責。因為那就是卑微。

她相信至少在我們的文化中，人們比自己想像的自由很多，擁有的選擇也比他們願意承認的更多。她也相信就算大家無法全面主導他人對待自己的方式，也能掌控住大方向，而她要我拿下這個掌控權。「不要再讓別人霸凌妳了，」她總會用霸凌我的方式說。

她說：「我知道妳不會相信，但在妳這個年紀的時候，我其實完全不是今天這個模樣，反而更像妳這樣。我可以證明！」原來瑪麗亞．艾琳．弗內斯那天要來拜訪。她和蘇珊在一九五九到一九六三年間是一對情侶。她抵達後，蘇珊才剛替我們兩人介紹後立刻說：「告訴西格麗德，妳剛認識我的時候，我是怎樣的一個人。說啊！說啊！說啊！」

「她就是個白癡，」弗內斯說。

終於停止笑聲後，蘇珊對我說：「我想強調的是，妳的人生也還有希望。」

「妳知道怎樣會很有趣嗎？我們出個遠門吧，就去幾天。」

她一直很愛旅行，大衛也一樣。他們各自或一起去過許多地方，目的地包括美國和海外。旅行是對抗憂鬱的絕佳良方之一。

當時是晚秋，再過幾週她就要開刀。蘇珊痛恨冷天氣，所以想去某個溫暖的地方。必須是個有趣又溫暖的地方，而且不能太遠。「妳從來沒去過紐奧良，是吧？」沒有。（這種對話常出現：「妳從來沒看過《費加洛的婚禮》[105]？」「妳從來沒吃過壽司？」「妳從來沒參加過紐約電影節？」每次只要我說「沒有」，蘇珊就會說：「啊，這次要讓妳好好享受一番了。」結果也確實總是如此。）她和大衛去過紐奧良，在那裡有認識的人。他們都同意那裡是短期旅行的好地方。

我們住在法國廣場[106]，不過其中一天有朋友帶我們去海灣玩了一整天。我記得我們吃了很多美食（「妳從來沒吃過小龍蝦？」），而且在那裡遇到的每個人都能說出有關「懺悔星期二」[107]的小故事。我記得在一場晚宴中，有名俊美的年輕人光靠記憶朗讀出田納西．威廉斯的〈波旁街的早晨〉，還給了我一本收錄此詩的《在城市中的冬季》[108]。

105《費加洛的婚禮》（*The Marriage of Figaro*）為奧地利作曲家莫札特（Wolfgang Amadeus Mozart）於一七八六年完成的歌劇。

106 法國廣場（French Quarter）位於紐奧良的中心鬧區。

107 懺悔星期二（Mardi Gras）是每年舉辦的嘉年華祭典，通常在基督教的主顯節前後，Madi Gras 這句法文直譯的意思是「油膩星期二」。

俊美年輕人的朋友邀我們去另一場派對，那場高檔派對舉辦在我們打算搭機返家的前一晚（在一間旅館，我記得）。我不記得派對在哪裡舉辦，也不記得舉辦的原因，但許多賓客都打扮得很誇張，有可能是場扮裝派對。我們在派對開始前的最後一刻去買給我穿的衣服。在一間古著店，我們找到一件相當漂亮但材質脆弱的黑蕾絲長禮服，禮服的一邊肩帶還斷了，但正如我母親以前說的一樣，「只要妳年輕，做什麼都會被原諒。」

我們抵達派對沒多久，就有人把我們介紹給一名臉頰泛紅的壯碩男子認識，他穿著三件式白西裝，還搭配白襯衫、白領帶、白帽子，和白手套。

「桑塔格小姐啊！」他激動地說。「真是太榮幸了。天哪，妳就跟在銀幕上看到的一模一樣！我看過妳的每部電影，每一部。噢，我們紐奧良這個小地方真是太榮幸了，竟然能在今晚招待這樣一名超級巨星！」

然後他開始親吻我的手，我臉紅起來，想要解釋，但此時男子背後的蘇珊已經開始大笑，還瘋狂暗示我配合他演出。她完全沒想要跟這位開心的醉漢解釋清楚。她實在玩得太開心了。

108 田納西．威廉斯（Tennessee Williams，1911-1983）是美國的知名劇作家，其詩作〈波旁街的早晨〉（Mornings on Bourbon Street）收錄在一九五六年出版的《在城市中的冬季》（*In the Winter of Cities*）。

我之後只再去過紐奧良一次。當時又是秋天，我住在法國廣場，就跟我們三人二十八年前一樣。我這一次去是因為一場文學會議，其中要參加的論壇主題是「作家與大師」，而我在談及影響我的老師時也提到了蘇珊。下一個月，她就死了。當時是二〇〇四年。八個月之後，她所深愛的這座城市慘遭蹂躪[109]，要是她還活著一定會痛心不已。

我沒再穿過那件禮服，但之後幾年都還保留著——就算已經過了穿什麼都能被原諒的年紀之後，我仍然保留了好一陣子。至於那本詩集，當然我還留著。

他想起他的朋友們
他想起他失去的同伴，
……
他因爲回憶而啜泣
……
愛。愛。愛。

109 颶風卡崔娜（Hurricane Katrina）於二〇〇五年席捲了紐奧良並造成慘重損害，剛好就在蘇珊・桑塔格過世的隔年。

蘇珊死後出現了許多訃聞和評論，那些我大多都沒讀（我一直對其他人怎麼談她沒多大興趣），但我可以猜到其中很多人會提到她缺乏幽默感，畢竟很多人在她還活著時就很常批評這點。舉例來說，在克雷格．賽里格曼二〇〇四年出版的《桑塔格和凱爾》[110]當中，我們可以在索引「蘇珊．桑塔格」的條目下看到長達八頁內容的「缺乏幽默感」。（相較之下，「柏拉圖戀愛」只有兩頁的相關內容。）對很多人來說，這項缺陷對她的評論家及藝術家身分造成了傷害。在《紐約客雜誌》的一篇文章中，大衛．丹比[111]寫道，在她開始創作影片後，「缺乏幽默感……對她造成了阻礙」，另外還指出，即便她在影片製作方面富有熱情及敏銳的洞察力，但努力嘗試後的「下場很糟」。而且就算她真有幽默感，菲利普．羅佩特（在二〇〇九年出版的《關於桑塔格的筆記》[112]中）表示，「很少在書頁上顯現出來。」

確實，閱讀蘇珊．桑塔格的作品很少會讓人露出微笑。（不過當然，值得一提的是，她的作品有被選入二〇〇一年

110 克雷格．賽里格曼（Craig Seligman）於二〇〇四年出版了《桑塔格和凱爾》（*Sontag and Kael*），除了談及蘇珊．桑塔格，還談了另一名犀利的影評人保琳．凱爾（Pauline Kael），她曾固定為《紐約客雜誌》撰寫影評文章。

111 大衛．丹比（David Denby）曾是《紐約客雜誌》的影評人。

112 菲利普．羅佩特（Phillip Lopate）於二〇〇九年出版了《關於桑塔格的筆記》（*Notes on Sontag*），那是一部談及桑塔格的長篇散文作品。

出版的《火熱的睡衣：紐約客雜誌幽默文章選集》113。）此外，在公開場合出現時，她給大家留下的印象除了缺乏幽默感，通常脾氣也很差。尤其是在跟參與者進行問答環節時，她容易發怒的程度幾乎令人費解——她的眼神中總是閃爍著這種訊息：我身邊圍著的這群人根本是白痴！——而且很容易開始羞辱人。（根據她表示，問題跟往常一樣：跟歐洲聽眾相比，美國人通常更粗俗、沒知識，提出的問題也往往無關緊要。）不過我始終無法完全理解，為什麼大家這麼想評論她的這一面。

當然其中一部分原因，是她出了名的執著「正經」這個概念。一般的老生常談是這樣：人不要太正經看待自己，無論你是誰，太把自己當一回事的人總有點滑稽——但蘇珊完全不是這麼想。她確實相當正經地看待自己，並認定所有對此作法有意見的人都該死，在她看來，問題總是在於大家不夠正經地看待她。至少在當時，她每隔一陣子就要抱怨，某個意見對她來說很重要的人（似乎總是男人）並沒有對她付出應有的尊重。我本人則對她偶爾遭受的羞辱感到震驚。「桑塔格小姐，妳為什麼要拍這麼無聊的電影呢？」一名參加《食人族二重奏》播映會的年輕男子如此提問，現場半數觀眾同意地竊笑出聲。「可以用最多二十五個字告訴我們，這個故

113 《火熱的睡衣：紐約客雜誌幽默文章選集》（*Fierce Pajamas: An Anthology of Humor Writing from The New Yorker*）於二〇〇一年出版。

事在說什麼嗎？」難道因為她是女人，大家才覺得可以這樣跟她說話嗎？

某次在一場作家研討會中，蘇珊結束了她的發言，此時一名前來聆聽的女性趨前質問，「妳認識尚—保羅．沙特[114]嗎？」「欸，」蘇珊說，「我見過他，但跟他算不上認識。怎麼了嗎？」那個女人興奮地噘扭起嘴唇。「因為我聽說妳是他的情婦。」接著她無法克制自己，緊緊抓住蘇珊的手臂，貼近她，說：「這樣說是稱讚。」

「這是什麼意思？」我真想知道。「什麼樣的稱讚？他現在不就是個垂垂老矣的男人嗎？」出名沒魅力的沙特當時已經七十二歲了，比蘇珊還老二十八歲（而且還比她矮上將近一呎）。

「意思是，」她冷冰冰地向我說明，「一個有腦的女人勢必得擁有一個更有腦的男人。」

當然，就算有腦、有才華，事業還非常成功，也不必然能讓人有安全感。在她寫完或許是她最受人推崇的短篇故事〈我們現在的生活方式〉[115]之後，我剛好有個機會跟她見面。

114 尚—保羅．沙特（Jean- Paul Sartre，1905-1980）為法國存在主義哲學大師。

115 〈我們現在的生活方式〉（The Way We Live Now）是蘇珊．桑塔格於一九八六年發表於《紐約客雜誌》的短篇小說作品，其中談到了一九八〇年代展開的愛滋病危機。

「我寫得很快，」她說，「而且立刻就知道寫得很好。因為通常，嗯，我寫完作品的第一個感覺總是：我寫出了一堆垃圾。」

她的不安全感究竟跟性別有多少關係，我們無從得知。但想到這個驕傲、聰明又有野心的女人成長於女性解放的年代之前，以及她在日常生活中得面對多少的偏見，任何人都能想像她一路以來受過不少屈辱。（在她才剛出道就貶低她的部分名單包括諾曼·帕德赫羅茨、瑪麗·麥卡錫、威廉·巴克利、詹姆斯·迪奇、菲利普·拉夫、約翰·西門，還有歐文·豪[116]。）

她也在其他地方缺乏安全感。當她擔心自己做出太多妥協時——例如同意接受《人物》雜誌的採訪，又或者在譴責電視「終結了西方文明」之後還出現在電視上——她就會說：「貝克特才不會這樣幹。」她以前老愛這樣說。像是貝克特[117]、卡夫卡[118]或西蒙·韋伊這樣的人——她景仰這些人

116 諾曼·帕德赫羅茨（Norman Podhoretz）、瑪麗·麥卡錫（Mary McCarthy）、威廉·巴克利（William Buckley）、詹姆斯·迪奇（James Dickey）、菲利普·拉夫（Philip Rahv）、約翰·西門（John Simon）以及歐文·豪（Irving Howe）都是當時的美國評論家。

117 薩繆爾·貝克特（Samuel Beckett，1906-1989）為長期居住在法國的愛爾蘭作家，創作有小說、詩歌和戲劇，是歐美五〇及六〇年代創作「荒謬劇場」作品的代表人物之一。

118 法蘭茲·卡夫卡（Franz Kafka，1883-1924）是出生於奧匈帝國的德語作家，他被小說家納博科夫譽為二十世紀最偉大的作家之一。

正經面對文學的態度——他們是她一輩子的追隨目標。或許理想上來說，她不只想要像他們一樣用正經嚴肅的態度對待文學，也想跟他們一樣「純粹」。

但很自然的是，她也想多賣一點書，畢竟考量她對教書採取的態度，她其實必須多賣一點書。而且她痛恨的不只是教書，而是任何幫人打工的行為，包括去某處擔任有支薪的客座作家。她很常將這類客座工作變成讓所有人失望的一次體驗。她以前會靠著不太準備或完全不準備來勉強應付，這對她來說不是應該感到羞恥的事。「我沒有預先準備好的罐頭課程，」她以前會說，暗示所有作家都不該因為擁有這類罐頭課程而自豪。她以前常會現場即興發揮——結果好壞參半。同樣的，在參加其他公開活動時，她常對聽眾表現出敵意，就彷彿詭異地認定他們根本沒必要出現在這裡。她一定會表現出如果不是為了錢，自己根本不會在此浪費時間的模樣。通常在這種情況下，就算聽眾大多是學生，她的說教熱情也會棄她而去。她似乎就是對整個世界懷抱著強烈的不滿意，而這些表現不過是反映出不滿的情緒。如果是在一個公正又知識豐沛的社會中，像她這樣擁有許多才智得以貢獻的人，絕不會被期待去做這種乏味的工作吧。她應該待在家，努力去寫那部她相信可以信手捻來的「偉大小說」。那些來邀請她的人最後通常會跟她一樣不開心。她以身為傲慢又不體貼的惡鬼聞名，但在這樣一個世界，各種邀約仍如雪片飛來，她也不停接受邀請，導致她的名聲愈來愈糟。

如果換作其他人，大家應該很快就會說這人只是個性純樸，而非缺乏幽默感，我懷疑蘇珊的情況也不例外。其中一個理由是她痛恨別人缺乏幽默感，對於能讓她笑出來的人，她會給予最高的評價。那正是她最喜歡唐納德·巴塞爾姆這位朋友的原因之一，她的兒子不在身邊時，這也是她最思念他的其中一個理由。儘管不是沒有這個可能性，她卻從不是脾氣乖戾的人。她身邊總是圍繞著許多朋友和熟人，其實無論是否缺乏幽默感，她都擁有足以吸引他人的魅力，但若真是個沒有幽默感的人——無論多麼傑出、多麼出名，又或者多麼有影響力——會有這麼多人想跟她來往嗎？（當然，我也可能說得不對，但我相信相對於男人，女人更容易譴責缺乏幽默感；跟沒有幽默感的女人相比，沒有幽默感的男人似乎比較不會被看見這麼多討人厭的面向。而且我們也不該忘記女性主義者的定義就是缺乏幽默感，對吧？還記得「換一顆燈泡需要多少個女性主義者？」的笑話嗎？）

她很容易被逗笑——她面對幽默的態度一點也不勢利，就算對方的嘗試不成功，她也懂得欣賞。有人跟她說了應該是佛洛伊德最喜歡的笑話時，她笑了，那個笑話是：「你

119 這裡的原文是：“Have you taken a bath?”“No, why? Is one missing?”這裡的 bath 有洗澡和澡盆兩種意思，taken a bath 可以是「洗了一次澡」也可以是「拿了一個澡盆」的意思。

拿澡盆洗過了嗎？」「沒有，為什麼問？澡盆少了一個嗎？」[119]有人用在翻譯界出名的一個人名開了個糟糕的雙關笑話，她聽了也笑——「喜歡齊克果的話就宏宏叫」[120]——她就連看到我模仿啄木鳥伍迪[121]也笑。她喜愛的事物一定都會熱情分享，同樣的，她只要聽到有趣的事也會想說給別人聽。但她會哀嘆自己不擅長講笑話，或者說不擅長說故事。如果她知道一個好笑的故事，而大衛也知道的話，她會堅持由他來講，因為「他說得比我好笑」。至於他那份公認的絕妙喜劇天賦，她表示，「不是從我這裡遺傳的。」

「我只知道一個笑話，」她說。「而且說得很差。當然，那是個猶太笑話。」她還嘗試用意第緒語的口音說。笑話裡有個母親，還有個神經質的孩子。「醫生，醫生，我該做啥米[122]？每次我的小男孩看見猶太餛飩，他就會開始尖叫。」這個故事的笑點在於蘇珊演出那個母親時，必須雙手緊抱住頭，臉上清楚露出恐懼的表情，然後開始尖叫，「啊啊啊！猶太餛～～～飩！」直到現在，這還是我見過最好笑的場面之一。

120 這裡的原文是："Hong if you like Kierkegaard"，這裡是改寫自常貼在車子後方的標語「Honk if you like/ love……」（如果喜歡愛＿＿就按喇叭）。由於著名哲學家齊克果（Søren Aabye Kierkegaard，1813-1855）的譯本是由一對姓氏為「宏（Hong）」的夫妻所翻譯，所以有人將這句流行用語改成「Hong if you like Kierkegaard」。

121 啄木鳥伍迪（Woody Woodpecker）是一部美國動畫的主角，是一個鳥頭人身的搗蛋角色。

122 這裡是將「what should I do」講成「vot should I do」。

還有另一段記憶。她走進廚房和我一起坐在流理臺桌邊，說：「我剛剛接到一通很有意思的電話。有個男人說正在為媚登峰公司[123]做調查，問我是否願意花點時間回答幾個問題。我說當然好啊，然後他開始問像是，我現在有沒有穿胸罩、什麼樣的胸罩、胸罩是什麼尺寸之類的問題——」

「所以是色情電話。」

她看起來很迷惑，然後難為情起來。「這就說得通了。」

最後一提：除了她的頭髮之外，她在大家心中留下的最深刻印象，就是臉上那抹美麗而熱烈的微笑。

最近我得知，哈維爾．馬里亞斯[124]表示，一個作家最糟的莫過於太正經看待自己或自己的作品，我想我能理解，甚至可說是同意。我想我要是年輕時能這麼想，人生可以快樂許多，甚至可能成為一個更好的作家。然而我很感激能夠這麼早就遇到一位人生楷模，這個楷模對作家的天職抱持崇高且毫不輕佻的觀點。（「妳得將此視為天職，而不只是事業。」）

維吉尼亞．吳爾芙把文學活成信仰，她則是遵奉這份信仰的神職人員。蘇珊讓我聯想到湯瑪斯．卡萊爾[125]那句早已

123 媚登峰公司（Maidenform）創立於一九二二年，是一家美國的女性內衣公司。
124 哈維爾．馬里亞斯（Javier Marías，1951-）是西班牙著名的小說家與翻譯家。

過時的誇張說法：作家是英雄。世間沒有比文學更高貴的追尋，沒有更偉大的旅程，也沒有更有意義的求索。她跟吳爾芙一樣崇拜書籍，她對天堂的定義就是無止境地閱讀。（不過她一定會反對吳爾芙認定文學中有「女性語言」的想法；她甚至無法容忍這世上有所謂的女性觀點。）

她說：「有作家聲稱，不可能有人同時是正經的作家又是貪婪的讀者，別管那些人說的話。」（我記得其中這麼說的兩人是V．S．奈波爾[126]和諾曼．梅勒。）畢竟真正重要的是心靈生活，而為了讓心靈生活圓滿，閱讀就是必需，而且一天讀一本書不是太高的目標（雖然這是我本人無法達成的目標）。因為她的緣故，我開始讀書讀得很快。

因為她的緣故，我開始把名字寫在我的每一本書上。我開始會從報紙和雜誌上剪下文章，分門別類後貼成許多冊。此外跟她一樣，為了能在讀書時畫重點，我的手上始終會拿著一枝筆（絕不會是原子筆）。

哈德維克教授一直很鼓勵我，但因為她的關係，我總是覺得要是我太過全面性地投身寫作，獲得的不快樂會遠比成就感來的多。在接受她的寫作指導多年後，我每次都注意到，

125 湯瑪斯．卡萊爾（Thomas Carlyle，1795-1881）是蘇格蘭極具影響力的作家及評論家。

126 V．S．奈波爾（V. S. Naipaul，1932-2018）為印度裔英國作家，二〇〇一年的諾貝爾文學獎得主。

她在問起我的寫作前會先關心我的感情生活：「妳還跟那個好青年在一起嗎？」（在我們分手很久之後，我都還是回答「對」，只為了不想聽她嘆息著說：「不會吧？這次又沒留住對方？」）有一次，在幾年沒跟她見面後，我跟她說我在考慮生孩子，她的反應讓我很感動：「聽著，這個決定沒錯，妳永遠不可能後悔。」我一方面極為感動，但也因為這句話背後的涵義感到相當焦慮。（我始終沒生那個我宣稱要生的孩子，而且我承認，當我讀到吳爾芙面對人生將盡之時，認定自己無論是否寫書或有無名聲，總之人生會因為沒有孩子被視為一場失敗時，確實覺得深受背叛。）哈德維克以前會告訴她在巴納德女子學院的學生，妳們一定是覺得人生非常無聊，才可能成為一個作家。不知為何，我不相信她認為男人也是如此。

另一方面，跟蘇珊在一起時，我感覺我獲准得以投身於通常很難合理化的兩種天職——閱讀和寫作。而且不管情況多令人沮喪或卻步——無論寫一本書有多麼像一場漫長的懲罰——顯然她都不會做出其他選擇；她不會接受自己人生以外的任何人生。

「作家的標準永遠不可能太高。」

「永遠不要擔心自己表現得太過執著。我就像有強迫症的人。這種人才能創造出偉大的藝術。」

她也喜歡局外人。她喜歡把自己想成一個局外人。

只因為妳出生在美國，不代表不能培養出一顆歐洲的心靈。

對一個正經的作家而言，為了研究一篇二十頁的文章讀一整櫃的書，並花好幾個月寫作又重寫，最後用掉一整令五百張的打字紙，只為了確定那二十頁的文章足以算是真正完成，當然都是正常的事。以及當然，這麼做不是為了讓自己感覺良好。（「我寫完作品的第一個感覺就是：我寫出一堆垃圾。」）這麼做不是為了讓自己愉快（跟閱讀不同），也不是追求淨化效果，當然也不是為了表達自己或取悅特定讀者。妳是為了文學這麼做，她說，而且，對妳做的一切永不饜足沒什麼不對。（確實，如果沒有一直受到自我質疑的折磨，那妳的作品八成就是垃圾。）

「妳必須問自己的問題是，妳的寫作是否有必要性。」我不知道有沒有。必要性？我想，這個提問會帶來寫作瓶頸。

因為她的緣故，我抗拒將打字機換成文字處理器。「妳會想要慢下來，而不是變快。妳最不需要的就是讓寫作變得容易。」她也痛恨目睹唱片變成CD。她對所有新器材和電子設備抱持懷疑態度。對她來說，「低科技」的生活是讓她自豪的來源。

但有件事讓她覺得自己不是個好模範，就是她的工作習慣。她這人沒有紀律，她說。儘管每個人都知道每天寫作是最好的做法，她就是無法鞭策自己每天寫作，但與其說是缺乏紀律（又或者如同她偶爾譴責自己懶惰），她其實是在渴望寫作以外的事物。她想常去旅行，想每天晚上出門玩——在我看來，關於她的死，沒有人說得比哈德維克更精準：「到了最後，最能觸動情緒的，是想到她失去了那些參與並享受各種『當代事件』、舞蹈演出、歌劇和電影的夜晚。」

林肯中心啊。在往後的人生中，只要是聽見歌劇的樂團開始調音，或是看到歌劇院的水晶燈升上天花板時，我相信我都無法不想起她來。

為了讓自己上工，她得空出大把大把的時間，確保自己在這些時間什麼其他事都不做。她會服用德太德林[127]後不眠不休的工作，過程中絕不離開公寓，幾乎都坐在書桌前。我們會聽著她的打字聲入睡，再聽著她的打字聲起床。儘管她常說希望可以用不那麼自毀的方式工作，卻也深信必須要全力衝刺好幾小時之後，她才會真正變得頭腦清晰，也才能擁有最好的寫作點子。

她以前會說，如果不是成為作家的話，她會當醫生。當然，她擁有醫生必須擁有的精力，但我認為醫生所需的紀律和特定的工作節奏，其實超出她的能力範圍。

她說作家永遠不該關注對自己作品的評論，無論好壞都

127 德太德林（Dexedrine）是一種安非他命藥物。

一樣。「事實上，妳等著瞧吧，好評通常會比壞評讓人感覺更糟。」此外，她說，大眾就像羊群。如果有人說某個東西好，其他人就會跟著稱讚，以此類推。「如果我說某個東西好，所有人都會跟著說好。」這樣的情勢發展到某個階段，大家甚至連作品都不看一眼，他們就是直接根據別人的說法下判斷。

但也有其他時候，當得知自己的作品被指配給某人寫評論時，她會深感怨憤不滿，因為她會認為對方不夠聰明或不夠重要，沒資格評論他。

她說在意別人喜不喜歡自己是種錯誤。在特定的情況下，受到某些人輕蔑很可能是至高無上的讚美。

她說：「別害怕去偷。我一天到晚從別的作家那裡偷。」她也能指出有些作家從她的作品中偷取點子的案例。

她說：「小心群聚效應。抵抗將自己視為女性作家的壓力。」（最近我走進一家書店，看見她的作品書架上有「歡慶女性歷史月」的標誌，不禁皺起眉來。放在那座書架上的只有她、阿內絲．尼恩[128]和柔拉．涅爾．賀絲頓[129]。）

她說，「抗拒將自己視為受害者的誘惑。」（她對無法

128 阿內絲．尼恩（Anaïs Nin，1903-1977）為美國知名的情色文學作家。

129 柔拉．涅爾．賀絲頓（Zora Neale Hurston，1891-1960）為美國的作家、人類學家及製片家。

照顧自己的弱者沒有耐性，那些缺乏武裝的人會激發她的攻擊性。）她相信女人被社會養成了受虐狂，所以必須努力反抗。儘管她認定自己跟大多數女性不同，卻也譴責在她眼中自己所擁有的受虐狂傾向。「比如我會難堪地纏著那些不要我的人，多可笑。」（可笑也是她愛用的一個詞彙。）

在親眼目睹蘇珊的公寓前，我就聽說那裡出名的像個臨時住所。（她證實了我聽說的一個故事，當尚．惹內[130]抵達她家門口時，第一句話是「妳家有蛋嗎？」然後她還跟我說了另一個故事：「他整個人神經兮兮的，一直覺得有人會認出他來。他和黑豹黨[131]之間有來往，很怕警方在追捕他。我一直跟他說這裡不會有人認出他來，結果我們才第一次離開這棟建築，對街就有個男人走過來說：『你不是尚．惹內嗎？』」）我還發現了一件事，蘇珊一些紐約朋友有時遇到外地友人來訪，卻又不知如何處理時，就會讓那些人來找蘇珊，尤其當對方是年輕人的時候。我住在三四〇號公寓期間，常有人住在從原本的女傭房（現在是我的書房）搬到客廳角落的單人床上。

130 尚．惹內（Jean Genet，1910-1986）為法國小說家、劇作家、評論家及社會運動者。

131 黑豹黨（Black Panther）成立於一九六六年，是追求黑人民族主義的政黨，他們曾在一九七〇年時邀請活躍於政治運動的尚．惹內去美國。

當時的蘇珊正在享受第二波出名的浪潮（第一波當然開始於六〇年代，當時她剛開始發表批判性文章，其中最著名的就是〈坎普筆記〉[132]），一部分是因為她有關攝影的文章擁有高度關注及知名度，另一個原因則是她大方談論自己罹癌的經歷。當時家裡的電話成天在響，蘇珊卻始終沒想過裝臺答錄機或使用類似的留言服務。其實跟蘇珊這樣極度活躍的人住在一起，這個經驗本身就像是跟一群人住在一起，現在家裡還不停有訪客進進出出。蘇珊喜歡出門，但也喜歡外人來訪，就算是第一次見面的人跑來家裡找她也很好。舉例來說，她大部分的採訪都是在家進行。我感覺自己總是在為某個陌生人開門，或者回家時發現有人在廚房等她（有時一等就是一小時），儘管廚房是家裡最小的空間，她通常還是在那裡接待訪客。她也喜歡一起出門的友伴來家裡接她，就算他們要去的地方在城市遙遠的另一頭也一樣。

大衛自然習慣了母親這種人來人往的繁忙生活。她很喜歡說之前的他就是「在她的大衣裡」長大的，意思是她會拖著他去參加各種派對、「當代事件」，和其他各種活動，她不想因為有了幼兒就錯過這一切。（她也會帶他去看電影，讓他在座位上睡覺，自己則連看兩片。）事實上，儘管跟蘇珊相比，他對獨處的需求比較強，但只要生活變得太平靜無

132 〈坎普筆記〉（Notes on 'Camp'）於一九六四年首次發表於《黨派評論》（*Partisan Review*）。

波，他會跟她一樣覺得無聊又躁動。他也跟她一樣精力充沛，此外，儘管或許不像她那麼愛社交，他也遠比我更懂得社交。當時的我已初步表現出後來的樣貌：百分之九十的時間都在獨處的人。

我始終不是想做很多事的人；我始終只想把一件事做好。這種型態跟蘇珊剛好相反，她因此無法克制地將我的特質視為一種失敗，但其實很多藝術家都是這樣，包括大部分舞者，而舞蹈明明也是她極度鍾愛的一種藝術形式。（她應該也聽過舞者巴蘭奇[133]的故事：有人嘗試帶他去一間博物館，但沒成功。「我去過博物館了，」據說巴先生是這樣說的。）她和大衛都無法認同我的內在如同僧侶的性格傾向；

在他們看來，這代表一定程度的缺乏活力與好奇心——對一個即將成為作家的人而言，這非常不利！大衛認為這代表一種軟弱，若是任由這份軟弱繼續發展，我只會變得無聊。蘇珊則相信這種避世者的內心說到底就是冷淡、自私。我應該要改變。

我也確實有試圖改變。有一段時間，我努力想要跟上他們的節奏。畢竟說到頭來，我也不是討厭出去社交。此外當然，見到蘇珊認識的許多傑出作家和藝術家也很令人興奮。（蘇珊：「當我還是個在上學的孩子時，我記得大家會指著

133 喬治．巴蘭奇（George Balanchin，1904-1983）被譽為美國芭蕾舞之父。

某張桌子說：『演員賽德．查里斯[134]坐過那張桌子！』我聽了也好興奮。而現在，老天，看到這種人，我都已經覺得是理所當然的事了。」）我印象中最棒的一些回憶就是去羅傑和多樂絲雅．施特勞斯夫妻的鄉間別墅拜訪，他們真的很親切。（在聽說蘇珊和大衛買了網球拍給他們之後——他們正打算跟一名專業球員學打網球，而那名球員剛好是我們的鄰居——羅傑從房間拿了自己的一支球拍出來。「送妳！親愛的。」我始終沒用過那支球拍，但就跟那件黑色蕾絲禮服一樣，我把球拍在身邊留了好幾年。）

我當然也想去五四俱樂部[135]。（「妳從來沒見過安迪．沃荷[136]？」）

不過談戀愛的人在世間最想要的莫過於什麼呢？現在回頭想想，我幾乎不記得大衛和我有任何獨處的機會。曾有一、兩次，我去他在普林斯頓的租屋處過夜（他很少使用那個空間），並記得自己憂傷地心想，要是我們可以一直待在那裡就好了。

才剛搬進三四〇號公寓沒多久，我就開始了在《紐約書評》的工作。身為羅伯特．席爾維斯的三位助理之一（蘇珊

134 賽德．查里斯（Cyd Charisse，1922-2008）是美國知名演員。

135 五四俱樂部（Studio 54）位於紐約，是一九七〇年代的一間傳奇俱樂部，其室內設計可說開啟迪士可舞廳的風格，其中總是聚集了各路政商名流及明星。

136 安迪．沃荷（Andy Warhol，1928-1987）是美國藝術家，是普普藝術（pop art）的開創者之一。

是這本刊物的撰稿者，又跟許多編輯是朋友，再加上她對這間辦公室的一切抱持著狂熱的興趣，導致我的工作和家庭生活界線極為模糊），我在花費了漫長的時間工作後，最不想做的事就是出去玩——特別是某個吵鬧、浮誇又擁擠的地方。（當我厭倦了因為無法更像他們、不想更入世一點，而且因為不願多看多做些什麼而遭到指責時，我會用或許是最強大武器進行報復：「貝克特才不會這樣幹。」）

蘇珊以前會說，只要知道公寓裡有其他人，她在房間工作起來就會順利許多。但我唯一能夠工作的時間似乎是公寓沒有其他人的時候。

曾有一陣子，我會努力早起後把自己鎖在書房內。但蘇珊一起床就會來敲門，要我跟她一起去廚房待著。（她盡可能不花太多時間睡覺，當然也沒人能讓她相信無意識的心靈有其價值；對她來說，睡眠跟童年一樣只是浪費時間。）她無法忍受早起喝咖啡讀報時身邊沒人。事實上，剛起床的她似乎特別需要有人聽她說話。此時的她想到什麼就說，而且說個不停，而且不知為何總是惱怒不安。生活中總有些什麼讓她受不了，不然就是因為在《紐約時報》的封面上看到了什麼而大發雷霆。這時的她總讓我想到我的德裔母親，而且兩人相似的程度非常驚人——我的母親敏感易怒，總在抱怨身邊圍繞著一堆白痴，基本上時時活在憤怒之中，而且剛好也跟蘇珊一樣看不起美國的膚淺以及「文化」。

大衛只要發現今天早上的蘇珊很難相處，坐在廚房流理臺桌旁的他就會背對我們認真讀報，任由黑色長髮遮住他的臉。

她就是無法忍受獨處。在總是想做的所有事情中，她沒有一件會選擇自己去做。就她看來，沒有任何體驗能因為獨自經歷而變得更好。對她來說，必須獨自做任何事都像受罰，比如獨自吃飯。她寧可跟一個不是特別喜歡的人出去吃飯，總之也好過獨自用餐。

「妳會注意到，」她有一次告訴我，「我總是在忙。如果不是正在跟妳說話，我就是在閱讀。」她絕不會讓自己的腦袋閒下來。一旦沒了讓人分心的事，她說，她的腦袋會變得一片空白，就像電視頻道停止放送訊號後出現在螢幕上的靜電干擾。這是她告訴我的，我確定她是這樣說的，而且每個用字都記得很清楚。我後來很常想起這件事，但直到現在還是很難相信。一片空白的螢幕……什麼都不會播放嗎？沒有白日夢？沒有妄想？沒有在沉思或回憶？沒有想起正在進行的工作？沒有想起任何人或者正計畫要做的事？什麼想法都沒有？那怎麼可能？

不，我不明白。但這確實解釋了她非常誇張的需求：瘋狂參加活動，而且總要有人陪伴。這也能解釋她對美國的不滿，以及為何她比別人更難放下一天的工作去休息。那片空白的螢幕，她強調，真的很令人害怕。這或許也能解釋為何儘管她充滿好奇心、渴求全新甚至是大膽的體驗（「我希望什麼事都去做，」她在十六歲的日記上這麼寫道），甚至全心沉浸於反文化中，卻始終避開讓人產生幻覺的藥物。（這世間有一種人，你通常一想到就覺得完全不適合吃ＬＳＤ[137]，你就是不會想跟那種人一起享受ＬＳＤ。她就是那種人。）

讀到大衛描述蘇珊最後一次的癌症發作時，我再次想到了那片空白螢幕，她在想到一切都會消失時感受到的就是如此強烈的痛苦及恐懼，也因此幾乎要失去所有理智。

只是每天晚上跟朋友出門還不夠。就算回家的時間很晚，大衛和我可能都已經上床睡覺了，她還是會來敲門。「我可以進去嗎？」好吧，我們確實知道她會來。（她的聲音透過門板傳來時的怯懦令人心碎。）大衛和我睡在放在地板的床墊上，旁邊有張小沙發。她會在沙發上坐好，點起香菸，然後談起那晚發生的事。有時她還在說話，我就已經睡著了。

第四期乳癌再加上和妮可分手——她此生大概從未如此害怕獨處。如果大衛打算搬出去，她甚至沒打算試圖掩飾自己可能多崩潰，因此就算我只是思考一下個人的需求，也無

137 ＬＳＤ是一種半人工製的致幻劑和精神興奮劑，俗命又稱「一粒沙」或「搖腳丸」。

法不覺得自己自私又冷酷。「要是這麼做，我不可能承受得了那種罪惡感，」在我們最後一次討論這個主題時，大衛這麼說。

不令人意外的是，她對此表現得充滿防備心。她堅持之所以想把兒子永遠留在身邊，主要不是因為渴求關愛，而是她對兒子的愛。他們所擁有的始終不是尋常的母子關係，她這麼說。事實上，她告訴我，她從未真正希望大衛把她視為母親。「我寧可他把我當成——噢，我也不知道——他的傻大姊。」（說到她是怎麼看待他的，她通常會說「比較像我的弟弟」或者「最好的朋友」。）畢竟說到頭來，她生他時只有十九歲啊。（這點總讓我困惑：她很愛強調兩人之間年齡上的「親近」，就彷彿當時其他女人沒在差不多的年紀生孩子一樣——但比如我母親生孩子的年紀就更小；不過蘇珊和大衛仍表現出兩人算是同世代的模樣。）此外他是她創造出來的。他們太像彼此，有些特質甚至可說是彼此的翻版，比如幾乎所有的品味、興趣和熱愛的事物都一樣。

她給我看過一張珍藏的照片，那是年輕的羅蘭·巴特[138]和他的母親：當時的他已經是個大男孩，被抱在媽咪[139]懷裡時一雙長腿懸在半空中，整體畫面有點滑稽。羅蘭·巴特是

138 羅蘭·巴特（Roland Barthes，1915-1980）是法國極具影響力的文學家、文學批評家和哲學思想家。

139 這裡的媽咪使用的是法文「maman」。

蘇珊最敬佩的文學偶像之一，我也非常景仰他，而他直到母親死前都跟她住在一起。

我們三人住在一起沒什麼不對勁吧。確實，在其他文化中——例如在俄國（「難道不是嗎？約瑟夫？」140）——我們這種組合就很平常。

而且誰能說服她呢？拜託，傳統的核心家庭哪有多好？她難道不是公開宣稱核心家庭是「一場災難」嗎？（她也常抨擊伴侶：無論伴侶中的其中一人或兩人多有趣，只要你見到他們同時在一起，就勢必比各自見到他們時無聊。）

別那麼守舊嘛。（真實情況是，我成長於一個非常不守舊的家庭。我得承認，平凡的布爾喬亞生活對我來說不只是吸引人，甚至可說帶有異國情調。）

別人怎麼說到底又有什麼重要呢？

她說得沒錯：我不該在意別人說什麼。但我確實在意，而他們說的話也令人震驚。大家有些話明明永遠不敢對她說，卻可以毫無顧忌地對我說。

我以前就聽過三四〇號公寓中流動著某種狂熱、淫亂樂趣的傳言，早在見過蘇珊或大衛之前就聽說過這些耳語。而現在人們會直接問我：是真的嗎？他們真的會上床？有時人們甚至不是問我，只是單純告知：他們一定有在上床。我在

140 這裡的約瑟夫指的應該是約瑟夫．布羅斯基。

那個家庭的出現似乎更令人起疑，傳言如同熱鍋水般沸騰起來。（蘇珊的雙性戀傾向更進一步推波助瀾。）你們那裡到底是什麼狀況？就在我搬出那間公寓，但大衛和我還沒分手時，我們某天晚上和一位紐約大學的教授吃飯，當時大衛剛和對方成為朋友。有那麼一刻，這個男人對他說：「你和西格麗德還有蘇珊會一起上床嗎？」大衛說：「什麼？」他只是語調更慢地又把問題重複了一次，就彷彿在跟外國人或智商不足的人說話。

其他有關蘇珊的傳言呢？都是真的嗎？她真的就跟大家說的一樣可怕嗎？我總是驚異於人們可以多誇張地說蘇珊的壞話，同時始終不確定她到底知道多少。（有關她和兒子不道德關係的謠言，就算她知道有多麼廣泛地在流傳——或者廣為受人相信——她也從未跟我說過。）一九八二年，在曼哈頓的市政廳舉行了一場支持波蘭團結工聯運動[141]的示威活動，她參加時譴責了共產主義，表示那在本質上是法西斯主義的變種，活動結束後，她對自己遭受攻擊的暴力程度感到驚愕。「我從不知道我有那麼多敵人。」但對我來說，有時我會覺得，她擁有的敵人比我這輩子見過的所有人都還多。而且跟所有其他權力圈的情況一樣，就連她的一些朋友也是敵人。

141 波蘭團結工聯（Solidarity）成立於一九八〇年，是一場跨越左右意識形態的反共運動。

我不知道是否真的有人告訴她，《紐約客雜誌》中有名編輯發誓只要還在那裡工作一天，蘇珊．桑塔格就永遠不可能在這份雜誌上刊登小說。這聽起來不完全是子虛烏有的傳言，畢竟她很可能讓人產生這種情緒。（一九七七年，《紐約客雜誌》刊登了她的小說〈那些沒有嚮導的旅程〉[142]，她整個人像是飛上雲端一樣輕飄飄的，就彷彿那是她此生第一次發表作品。）

那些人在市政廳對她做出的惡毒反應，她認為大多是出於忌妒。我也不知道這樣想是否正確，但我確實知道忌妒之這種情緒——深沉、累積各種怨憤，且帶有不屑的忌妒之情——不管她去到哪裡都會尾隨不去。（但市政廳示威活動的那一次，她很後悔沒做出更好的準備；如果她花更多時間準備自己的發言，或許就能找出不那麼煽惑的表達方式。）

你們那裡到底是什麼狀況？

我記得有個朋友笑著說：「所有人都想像過各種最不道德的情節，但其實你們那裡的狀況很典型：占有欲強的控制狂母親，還有充滿罪惡感的兒子。」

蘇珊很愛談起她和大衛的過去，這段過去充滿了過多的衝突和憎恨，這個習慣讓我覺得難熬。她會特地強調她對大衛的所有付出，講話時雙頰泛紅，聲音高亢。難道她自己有

142 〈那些沒有嚮導的旅程〉（Unguided Tour）這部短篇小說發表於一九七七年，後來在一九八三年被蘇珊．桑塔格改編為電影。

這麼好的一個母親嗎？難道我也有這樣一個好母親嗎？她會拿自己和認識的其他家長相比，但這些家長樂意賦予孩子寬廣獨立空間的作法，通常會被她誤認為缺乏關愛。（她常批評他人對待孩子的方式，事實上，我不記得她曾稱讚過任何家長的做法。）

然而，儘管她對自己的母親身分如此自豪，而且總是怨嘆自己沒多生幾個孩子，她卻沒有所謂的母性。事實上，我發現幾乎無法想像她養育、照顧一個嬰孩或幼兒的模樣。對我來說，想像她去挖壕溝、跳霹靂舞或為乳牛擠奶都還比較容易。打從她得知懷孕直到分娩的那一天，她從來沒有看過醫生。「我不知道應該要去看。」

她有無止境的好奇心，每天也至少讀一本書，但沒有一本書跟懷孕或育兒有關。她很喜歡說一個故事，某次有群年輕母親來找她，她們對她照顧孩子的方式感到擔憂，話語間暗示她需要一些指導。倒不是說她們多管閒事，她說，她們不過就是五〇年代那些尚未獲得解放的女性，由於還深陷在傳統觀念中，所以認定女人、妻子和母親就該理所當然表現出特定的樣子。我問她們是否讓她有罪惡感，她果斷否認。她從未對自己展現出的母親樣貌產生罪惡感。「一丁點也沒有。」

她又跟我說了這樣一個故事：「大衛出生後，所有人都警告我會無法好好睡覺。但他們錯了。大衛沒把我吵醒過。

從我把他從醫院帶回家的那天起，他每天都能直接睡過夜。」顯然她是決定以這種方式記住那段過往。顯然她連實情不可能如此都不知道了。

還有這個：「我在寫《恩人》的結尾時連續幾天都沒吃飯、睡覺或換衣服。到了最後就連停下來點菸都沒辦法。大衛必須站在我旁邊幫我點菸，而我就是繼續打字。」她寫《恩人》的結尾是在一九六二年，當時大衛十歲。

她並不是一個母親。每隔一陣子，只要注意到大衛的眼鏡髒了，她就會把眼鏡從他的臉上扯下來，直接拿去廚房水槽洗。我記得自己當時想，這是我唯一看見她做過最有「媽味」的事。我還注意到，當她身邊有孩子時——像是施特勞斯的三位小孫女——她完全不會把心思放在她們身上。

只要是認識蘇珊多年且看著大衛長大的人，都不相信她這輩子有可能放他走。跟癌症無關，他們說，她永遠不會讓其他人成為兒子生命中最重要的人。她自己就說過，由於兩人的關係擁有既激烈又複雜的部分，「大衛和我之間總是需要一個第三者。」她不是很喜歡「女友」這個說法，她比較喜歡稱為「朋友」，不過有時她會開心地把我稱為大衛的「皇家配偶」[143]。她會說我們三人是河岸大道的公爵、公爵夫人

143 這裡用的原文是 consort，通常指的是統治者的配偶。

和小鴨仔[144]。我知道這樣不好。每次大衛想做好玩的事她也都要跟，比如網球課和摩托車課，這種習慣對我們的交往情況也毫無幫助。此外儘管她不停告訴我，她不只樂意在金錢上支援大衛和我，也願意撫養我們的孩子，但也強調要是大衛太早成為父親，他的人生就等於毀了。

「為什麼你們不乾脆玩69就好？這樣就不用擔心避孕問題了。」蘇珊在有第四個人一起吃午餐時說了這句話，後來負責打破沉默的也是那個人。「看來蘇珊並不想當奶奶啊。」

對我來說，那段時間讓我感到極度的不安、迷惘且壓抑——那時的我和其他人都斷了聯繫，包括家人和朋友。儘管幾乎沒有隱私或獨處時間，我卻覺得前所未有的與世隔絕。我學會提防那些希望利用我接近蘇珊的人。（大衛長大成年後，每次只要受邀前往各處，慢慢也習慣聽見「噢，也請記得把你母親一起帶來」之類的說詞。）而且無論在家或工作環境中，由於身處眾多文學名人之間，實在很難——我是說真的很難找到自己的方向。就算是為了維護自己尚未出版的業餘書寫成果，因此一本正經地強調讓我獨處的時間有多重要，結果可能只會讓人感到屈辱。我嘗試跟蘇珊溝通，說她不該在我嘗試寫作時打擾我，又或者老是要求我去為她

144 這裡的「公爵、公爵夫人和小鴨仔」原文為「duke and duchess and duckling」，希望藉此強調字首重複的某種樂趣，這裡的 duckling 可能也有暗示「醜小鴨」（ugly duckling）的意思。

辦事，例如當我在公司時，她會為了自己的藏書間列出長串長串的書單，然後要我去添購。她總會承諾做出改變，而她確實也可能改變，暫時改變，但之後幾乎又會立刻重操舊習。

她試圖說服我不去駐村。跟其他作家一起駐村對我和大衛的關係不好，她這麼說。他和我才在一起不到一年，還不適合一次分開一個月。但我很清楚，我的離開至少能讓大衛稍微喘息一下；我們那陣子都在吵架，他對於看我哭很厭倦了。（來自蘇珊的更多建議：只哭一次，人家會為妳難過，但要是天天哭，他們只會覺得妳是個麻煩鬼。）她也擔心我離開之後會遇見其他有興趣的人。她認為我是個無法不調情的傢伙，還說我是個容易讓人誤以為有上床機會的撩屌婊——不是不贊同的意思，而是跟我有共鳴：「別人也常這樣說我。」

當駐村結果不如人意時，她覺得果然證明了她的論點沒錯。難道她沒有試圖向我解釋，逃到一個鳥不生蛋的地方對我的寫作沒幫助嗎？儘管我每天寫作，完成的作品卻少得可憐，而且品質不佳，最後只能把那些稿子都扔了。

· · ·

我再次回到城市時，春天正剛開始。那年初夏，在柏克萊大學執教的倫納德．麥可斯要舉辦一場作家研討會。他邀請蘇珊去擔任老師。儘管能有藉口去加州旅行一趟令人開心，她卻一如往常地不想自己去。她大可跟其中一位朋友一起去，畢竟伊莉莎白．哈德維克、唐納德．巴塞爾姆或西奧多．索洛塔羅夫[145]都有獲邀參加那場為期一週的研討會。但她就想帶大衛一起去——因此也就沒理由不把他的「皇家配偶」一起帶去（「妳從來沒去過加州？」）。柏克萊大學的人很好，替我們多安排了一個房間。接著我們決定等蘇珊在研討會上的工作結束後多待一週，讓這趟也成為一場假期。

我很想去。我之前沒去過西岸，對於可以初次親眼見到柏克萊大學和舊金山感到很興奮。我還提議租車開去「大索爾」[146]玩上幾天。如果一切交給蘇珊規劃就不會有這段旅程，首先是她去過大索爾，再來她對自然景觀也沒興趣，不管景色多麼壯觀的景也一樣——尤其當她可以在太平洋電影檔案館中坐上好幾個小時，看著一部又一部為她放映的電影時，景色就更沒吸引力了。對大衛和我來說，那是個可以獨處的完美機會，也是我在旅程中最期待的部分。

但到了那一天，蘇珊決定她也要去大索爾。倒不是因為

145 西奧多．索洛塔羅夫（Theodore Solotaroff，1928-2008）是美國作家、文學評論家及文學刊物的編輯。

146 大索爾（Big Sur）是加州沿海的一段多山地區，風景優美。

她想再去看看大索爾，而是不想被丟下。其實她就算留下來也不會孤單，畢竟從我們抵達的第一天起，她身邊就一直圍繞著許多人，包括她住在灣區的許多朋友，所有人都很想約她出去。確實，她隔天也跟其中一個人有約，對方答應要帶她去中國城最棒的餐廳吃午餐，這代表我們的行程也得被迫縮短。「但又如何？反正又不是很值得去的地方，」她說，「重點是開車去的旅程，對吧？」我對我在路程中的表現不能說感到自豪。讓我更惱怒且痛苦的是，她不但這趟旅程跟來，等那週結束後，我還得獨自搭機回家，而他們倆要一起去夏威夷拜訪蘇珊的家長。

她深呼吸之後開口。「大衛告訴我，妳在考慮要搬出去，而且是因為我。」我們待在故事開始的地方：她的臥房。我坐在她的書桌前，她坐在床上。「我很抱歉，」她說話時調整口氣，確切發出每個子音，每當她想讓自己聽來冷靜自持就會那樣，「但我不能負起這個責任。」

面對這句話，我幾乎無話可說。

「這不公平，」她執拗地說。「妳這樣搬走，他不原諒我怎麼辦？」

她說：「親愛的，妳沒想清楚。妳不可能原本跟另一半住在一起，後來又跟對方分開住。太荒謬了。妳這是鑄下大錯。」

如果我們分手，我就只能怪我自己。

如果不是因為她始終無法自處就好了。如果她和妮可的關係不是無從挽救就好了。如果她像之前一樣有半數時間都住在巴黎的雞舍街上就好了。如果約瑟夫想當她的男人就好了。如果她沒得癌症就好了。

就算如此我們還是會分手，但至少能撐久一點，這點是確定的。不過說到底，我們還是無法永遠走下去。蘇珊就算是住在月球上，大衛和我也無法走下去。我很早就明白了這個道理。我不明白的是，在我搬出去之後，我們是如何想辦法又跌跌撞撞撐了一年半。

有好幾個月的時間，我仍把大部分時間花在三四〇號公寓，而非租在蘇利文街上那間裝潢了一半、暖氣不牢靠又如同鞋盒的小公寓中。在那段期間，情況確實有所改善——意思是我們的相處狀況變得比較好。我不算開心，但確實更平靜。我沒在《紐約書評》工作了，但找了份類似的工作，我在紐約市重新命名為「三角地」區域的一個時髦頂樓空間工作，那是間小型的德文出版社，職稱是編輯助理。我也開始寫小說。後來這部小說只有部分節錄發表在一本小雜誌上，哈德維克看了輕蔑地表示，「很糟，每個字都很糟，根本不值得寫下去。」但才寫了幾個章節，我就吸引到一名文學經紀人，也開始獲得幾名編輯的青睞。

我突然發現，參加柏克萊研討會的那些人，無論是蘇珊、哈德維克、倫納德·麥可斯、唐納德·巴塞爾姆、西奧多·索洛塔羅夫，總之全都死了。這本回憶錄中的大多數人都死了。

我才剛搬出去，有人就給我送來一封匿名信，信件開頭是「恭喜」，信中說我做出了勇敢、聰明，甚至可說是拯救了自身性命的決定。這封信的本意是要為我加油打氣，這是當然，但我也完全清楚為何要匿名。結果這封信的唯一效果是激怒了我。（我也曾在多年後出現了類似感受，當時是蘇珊的一個朋友回憶著說：「那是當然，打從妳搬進去跟他們住的那天起，我們全都驚恐地看著這場好戲。」）

⋯

一九七八年，蘇珊被迫面對長久以來的恐懼：她的租約要到期了。被迫離開住了將近十年的家讓她陷入巨大危機，她甚至還因此作了惡夢。其中一場夢中，她發現自己預定要住的房子沒有屋頂。「但下雨要怎麼辦？」她不停問著夢中的房東。（詭異的是，幾年之後，她在國王街上租了一棟連排房屋來住，而確實也有場火摧毀了部分屋頂。）她對接下來住的兩間公寓也無法真正滿意，不過那兩間都是很好的公寓，我不懂她為何不滿。她始終無法真正開心，直到在雀兒喜找到下一間頂樓公寓，那間公寓就跟河岸大道的這間一樣，擁有能夠俯瞰哈德遜河的絕美景觀。

那是她的最後一個家。

尋找新公寓的那幾個月，大衛和蘇珊都經歷了一段動盪的時光，兩人甚至偶爾連話都不說。大衛和我的關係也愈來愈不順利，而原因不只有我開始跟別人約會。（「我能理解妳想這麼做，但為何非得告訴他呢？」蘇珊對此事做出了如此的惱火回應。她真的就是無法明白。）事實上，在我的回憶中，一九七八年是很特別的一年。那是我人生中最慘淡、最挫敗的時光之一。蘇珊終於簽下東十七街那間雙層公寓的租約。他們搬進去的那天我在場，明明是春天，那天卻熱得很不尋常，然而之後我就沒有常去了。我沒有在那裡度過任何一晚的記憶，但知道確實曾在那裡過夜。大衛和我愈來愈少見面，然後在接下來的那個冬天，我們吵了最後一次架。

就在我為了搬出三四〇號公寓而打包時，蘇珊說我可以帶走任何想要的東西。我拿了在大衛衣櫃深處的兩個玩偶：一個紅髮布娃娃安迪，和一隻少了一顆眼睛的小棕熊。（多年之後，當一名採訪者提到大衛曾抱怨童年過得不快樂，蘇珊一笑置之，表示她記得他的臥房裡塞滿玩偶，還宣稱：「我到現在還留著他的泰迪熊。」）

和大衛分手後的好些年，我和蘇珊聯繫的頻率還比較高，但也說不上很常往來。這段期間她常感到憂鬱。從普林斯頓畢業的大衛無視她的建議接下了羅傑．施特勞斯提供給他的工作。（在蘇珊的眼裡，大衛擔任編輯實在是浪費了他的才華；她深信他也能輕易寫出一本好書。他應該要持續接受她的經濟支援，好能夠全心投入寫作。）另外讓她失望的是，他終究還是決定搬出去自己住。這段時間只要我和她見面，她就是在抱怨自己很孤單，而且感覺被孩子排斥、拋棄。有時她會啜泣起來。她開始偏執地深信這輩子做的一切全是為了贏得大衛的愛與尊敬。就彷彿他是家長，而她是孩子。

她談起接受心理治療的事——我太驚訝了！因為我記得她曾對尋求心理治療的人嗤之以鼻。若是得知對方服用抗憂鬱劑，她會更看不起對方。在她認識的人當中，她最尊敬的似乎是無論多不快樂都拒絕接受心理治療的人。面對憂鬱時，她認為最值得稱頌的反應就是堅忍承受，此外儘管她對華特．班雅明這類天才的憂鬱氣質滿口讚譽（她相信自己也擁有那種氣質），她對一般人的情緒波動卻沒什麼耐性。除非你面對的是她所謂的「真正問題」——例如致命疾病——不然你的憂鬱最好別讓她知道。對於想要自殺的人，她也不怎麼同情。我很驚恐地聽她說過，每次只要出現自殺的念頭，她就會聽見腦中有個聲音說：「他們是打不倒我的。」（「他們」是誰？我忍不住要想。）

不過在她五十歲出頭時，長期以來的易怒及不滿的情緒問題開始逐漸往更陰暗的方向發展。她發現自己才剛起床就想爬回床上，記憶力和注意力有時也變得非常糟糕，她說：「我真的覺得我可能小中風了。」她諮詢了一位神經科醫師，對方向她清楚說明了：沒有中風，只是典型的中年臨床憂鬱症。她開始看心理醫生，有一陣子甚至在吃阿米替林[147]。而現在，心理治療成為她的熱情所在。她鉅細靡遺地談起她的治療內容，把她跟治療師之間的對話告訴別人——其中一個話題是，蘇珊面對的問題是身邊圍繞著她無法理解的自戀者，而她本人卻不是自戀者。（「妳呢？」她誠懇地問我，「妳是自戀者嗎？」）

「為什麼妳試圖在兒子身上尋找父親的身影呢？」蘇珊說她初次聽到這個問題時很震驚。這治療師怎麼回事！這想法打哪來的！但接著她突然想通了，她說她確實是這樣。然後我們都開始哭。

我還記得那次從紐奧良回家的路上，我們兩人在等大衛把行李取回來。機場非常擁擠，他又離開了好一陣子，我們兩人因此有點焦躁，但終於看見了他。雖然離我們有點距離，

147 阿米替林是一種止痛藥，也可用來治療憂鬱症，這裡用的是商品名「Elavil」。

但他的身高讓我們儘管隔一段距離也能輕易看見。蘇珊總說這點能讓她安心：每次在某處等他，最後總能這樣看見他，「這頭長頸鹿會大步跑向妳。」

除了身高很高之外，她覺得他還有兩個特質對男人和女人來說都很迷人：低沉的嗓音，還有很大的頭。

她說自己是憂鬱症患者，但若要描述真正困擾她的症狀，這個說法又顯得太過病弱、被動。她並不是「憂鬱者」[148]。她的憂傷伴隨更陰暗的怒氣。面對她的處境，她可說又是尖叫又是拳打腳踢。他們別想打倒她！只要對這個世界有所不滿，她就會憤怒出擊；她會想傷害人，隨便是誰都行。在跟她最為緊密往來的親友圈中，她總會找到至少一個用來承受怒氣的男孩或女孩，就像歐洲古代代替王子挨鞭的奴僕，而她會對這人不停揮鞭。

她常威嚇或批評她的朋友，只有她尊重或敬畏的人才得以豁免。她為這項行為辯解的說法，是她相信「質疑別人的正當性」或「糾正」他人的重要，就彷彿一切議題都與捍衛「真相」有關。本來就該要有人告訴他們什麼是對的啊。她會用很不和善的方式告訴他們，而且通常還是有他人在場的時候。事實上，往往是有觀眾在場時，她更有可能不知節制。

148 這裡的憂鬱者用的是法文「un triste」，班雅明也被法國人稱為「un triste」。

在這種最糟糕的時刻，我腦中會閃現她提過的那個畫面：兒時的她正喝著一杯杯的鮮血。不過後來有些人想通了，知道只要懂得起身反抗或對她露出狠毒的一面，她就會收斂。

但她也會拿陌生人出氣。有一次我們去了費城，她和一位旅館的櫃檯職員吵了起來。他吵到結巴，不小心說錯話：「桑塔格先生——」

「我不是桑塔格先生，」她聲調嚴厲。「只要抬起頭來看我一眼，就不可能搞錯這種事。」

根據大衛的解釋，儘管這類行徑不算是後來才出現，但確實在她罹癌後變得更嚴重，而且似乎已經讓她無法抗拒地反覆陷入這種衝突。可是一旦她將這些衝突變成發洩情緒的出口，跟她一起出席公開場合就成了苦差事。如果真的是因為對方做了什麼難以原諒的事，導致她出現這些口頭上的激烈攻擊也就罷了，但情況並非如此。無論是行政職員或侍者，只需要在服務她時不夠機靈，或者犯下無心的錯誤，她就會表現出深受冒犯的模樣。此時她的目標已經不只是表達不快，而是要羞辱對方。「我知道你大概覺得這份工作配不上你……」她會以此開頭。

她是受虐狂，也是虐待狂。

她的治療師暗示蘇珊一定在罹癌時感到「非常憤怒」，另外在她家因為一場意外火災受損時，一定也有再次感到憤怒，而蘇珊的反應是真心感到迷惘。「我說，這樣不是很不理性嗎？就是，我生氣，難道只因為——這算什麼？已經發生的事？」但因為隨便一位服務人員發脾氣也同樣不理性。那份情緒中帶有太強烈的憎惡之情，讓我有時忍不住要想，到底怎麼可能對不認識的人產生如此誇張的憎惡之情？有時她會要求獲得一些特別服務——例如換掉菜單上的某道菜——只要她被告知無法如意時，她就會說：「好了別激動！我就是問問嘛。」她總是要別人「別太激動」，而且語調尖酸又輕蔑。

我覺得她在餐廳裡的行為是純粹的有勇無謀。難道她沒聽過什麼叫做「服務生的復仇」嗎？

自從住到國王街之後，她開始常去蘇活區的一間咖啡店，但最後成了店家的拒絕往來客。

她常提起自己有多愛道歉。「每次道歉完，我的心情總是很棒。」但每次她的情緒爆發之後，我從未聽過她道歉或表示後悔。她似乎覺得她有權斥責別人，並相信易怒絕非一種揮之不去的弱點，而是她的強項之一。

她對於被當成惡鬼而怒不可遏，但只要談起她的對手，她又很喜歡引用自己成長時期流行的一種說法：「就好像讓一個嬰兒去跟拳王喬．路易斯[149]對打一樣。」（這裡的喬．路易斯指的是她。）

149 喬．路易斯全名為約瑟夫．路易士．巴羅（Joseph Louis Barrow，1914-1981），他是美國重量級拳擊手，曾維持拳王頭銜超過十一年。

但我以前總會想，若有個男人跟她行徑相同，大概很早就會嘗到另一個男人的拳頭，並因此多少學會一點尊重他人的道理。

．．．

儘管她熱愛許多事物、生活中非常需要擁有美及愉悅、個性出名的貪婪，而且令人豔羨的精采生活中總有許多事馬不停蹄地在進行，她卻是個極度不滿於現狀的人，而且那種躁動不安是無論花多少時間旅行都無從緩解。明明她擁有眾人公認的成就、努力贏來不少榮譽，也獲得了應有的喝采，一種失敗感卻如同寡婦的喪服般攀附在她身上。在早期，這完全跟她的小說不夠受肯定有關。每當大家擺出一種態度，暗示她一定是後來才突發奇想決定寫小說時，她總是非常惱怒，畢竟，拜託好嗎，她出的第一本書就是小說。而且那本小說都還沒寫完，就有一流的出版社搶著簽下了；身為一名小說家，她有充分的理由相信自己準備好了。但後來是因為寫作評論文章的極高才華，她的寫作生涯才堪稱順利，應該說極度成功，但那始終不是她追求夢想時尋找的答案。

等到我認識蘇珊時，她的兩部小說已遭人徹底遺忘，就連她的很多書迷都不知道它們的存在。我本人也以為《反詮釋》是她的第一本書（這是廣泛存在且持久不衰的一項迷思，就連她的出版社在她死後出了兩本書時，都還在作者簡介中複製了這個迷思）。

在她終於又完成一部小說時，二十五年都過去了（期間寫了很多部的開頭），但她從未停止寫短篇小說。儘管她的大部分小說都有發表，我們實在很難不去懷疑這些稿件是因為她的名聲才得以刊登，而不是因為其中的優點。因為每當這些小說發表時，相對於她發表評論文章時的反應，可說缺少了那種溫情的稱讚。（而當她轉向製作電影時，獲得的反應更是不能再冷淡了。）

她覺得受傷的是，她所景仰、推崇的小說家並沒有稱頌她的作品。事實上，似乎沒有人真正推崇她的小說，就連她的朋友也沒有。她已經習慣聽別人建議她最好繼續做自己已經做得很傑出的事（在某些人眼中，她的這份傑出甚至可說無人能及）。這讓她（又或者更精準地說，是她讓她自己）成為自己的推崇者。她總是在為自己的小說辯護，試圖贏取大家的注意力，並強迫沒興趣的人讀她的作品，那是種拙劣又看了令人喪氣的姿態。無論是在私下或公開場合，一次又一次，不管其他人怎麼說，她總是堅持自己是個剛好評論寫得不錯的小說家，而非有在寫小說的評論家。沒人相信這是她人生中的最大挫敗之一。然而她不放棄。再一次的，她相信人們對待你的方式絕大部分可由自己掌控。只要她持續表現出自己最重要的身分是小說作家，大家就會開始用這種方式看待她。

這份頑固導致她的許多朗讀會下場淒涼。觀眾期待落空，而且會表現出來。有時人們之所以會來，是因為聽說蘇珊會讀文集裡的評論文章，或針對特定主題發表演說，但她會在毫無預警的情況下讀起一篇小說。她的小說通常都長。當然，她有意識到——她無法不去意識到——聆聽者的不悅。對我來說，她怎麼還能持續這樣做對我來說始終是個謎團，而且還是反覆不停地做。這實在沒有道理。這是妳的工作：就算妳不能逗聽眾發笑或使他們感動落淚，也沒必要激怒他們吧？

情況後來出現了巨大的改變。《紐約客雜誌》開始刊出她的小說，包括她一九八六年那篇有關愛滋危機且備受稱譽的小說〈我們現在的生活方式〉，在一九九九年出版的《本世紀最佳美國短篇小說》[150]中，擔任編輯的約翰．厄普戴克就選入了這篇作品。《火山情人》不但成為暢銷作品，更在評論界成功獲得壓倒性的讚譽，還獲得了美國的國家圖書獎。這是人們以為絕不可能發生的事。我聽說在國家圖書館的頒獎典禮結束後，她無法停止哭泣。

她開始打趣地說自己大器晚成——或許不是真的在打

150 《本世紀最佳美國短篇小說》（*The Best American Short Stories of the Century*）於一九九九年出版，是「美國最佳小說系列」的其中一本書，此系列是從一九一五年開始的出版計畫。

趣。不過說到底，她自己也很清楚，她的文學名聲仍主要奠基於最好的那些評論文章，而且是很久以前寫的那些。

要是她沒有等那麼久就好了；要是她更早開始追隨內心的渴望就好了。年歲愈長，她就愈是後悔把心力投注於評論，而沒有花更多時間進行創作——另外讓她感到後悔的是，因為強烈的道德責任感，她花了許多時間為了正義奮鬥。她應當擁有的人生是這樣：花更多心力當個藝術家，而非評論家；花更多心力成為創作者，而非社會運動參與者。而此時的她也明白，她對旅行過於深沉的執念也讓她無法專注於寫作。

不，她對自己這輩子創造出的成果並不滿意。她沒有達成自己年輕時設立的目標。她與真正的偉大成就擦身而過。她就像吳爾芙筆下的雷姆西先生：困在Q當中，夢想著Z。[151]

但這一切不全是她的錯。「我損失了十年，」她會這麼說。她談的是她初次發表作品的前十年。如果不是因為結婚生子，她一定能更早發表作品。（這種說法讓人不太明白，因為在那段期間，大衛基本上不是由她照顧，她幾乎都是自己一個人待著。）不過她總是談起一本書，《佛洛伊德：道德主義者的心靈》[152]，那是菲利普．里夫在一九五九年出版

151 此句出自維吉尼亞．吳爾芙一九二七年出版的小說《燈塔行》（*To the Lighthouse*）。

152 《佛洛伊德：道德主義者的心靈》（*Freud: The Mind of the Moralist*）是菲利普．里夫在一九五九年出版的作品，是有關精神分析之父佛洛伊德的一本傳記。

的第一本書。儘管她的名字沒出現在書封上，她總是說自己算是共同作者。甚至有時她會進一步表示整本書都是她寫的，「每一個字都是。」我把這當成是她另一個講話誇張的例子。

（這種講話誇張的習慣似乎也感染了那些書寫她的作者。因為她的法文說得很好，有人說她懂得「多種」語言，而且能讀湯瑪斯．曼和班雅明的作品原文，但事實上她不懂德文。說真的，語言並非她傾注熱情的事物之一，而且她總是說，如果不是因為在法國住了這麼久，她大概連法文也不會說。另外因為她非常愛看電影，有人說她「幾乎一週中的每天」都會去看，而且因為她總是想要坐在前排，還有人說她永遠會坐在「第三排，正中央」——就彷彿每年蘇珊去看電影的幾百天中，她最喜歡的座位就連只有幾天被別人坐走的情況都沒發生過。還有人說她十五歲就開始讀大學，但其實她是十六歲才去讀大學。凡此種種不停發生。）

「遺失的十年」當然也包括了她和菲利普離婚並與大衛搬去紐約的經歷，因為拒絕了贍養費和孩子的撫養費，她必須獨力養活自己和大衛——大多是仰賴教書。（不過事實上，她正是在這段時期寫出了《恩人》。）根據她的說法，在服過一次「監獄刑期」後——她指的是她的童年——她又被迫服了兩次刑期：她和菲利普的婚姻，還有大衛的童年。

在出版了第一本書後過了一年，她在《黨派評論》上發表的〈坎普筆記〉讓她聲名大噪。大概又過了一年，她成為了國際知名的人。對於一個才三十出頭的女性而言，這樣的表現實在不差，但她卻感到羞恥極了！畢竟她在十八歲就拿到了大學文憑啊！儘管在三十歲出版第一本小說實在說不上駑鈍，但也稱不上早慧，而她非常在意自己「早慧」的頭銜。她在文學或知識領域少年得志，只要有人對此發出一丁點雜音，她就會被挑起好勝心，而且幾乎每次都會提起那遺失的十年。如果能在文學圈更早出名的話，她相信自己一定會被視為真正的奇才，而且能比當年的她更引人注目。我不知道她是否始終對此心懷怨憤，但我認識她之後，她一直覺得自己遭到了命運的捉弄。

當我哭喊著說：「我已經二十五歲了，但我一事無成。」她說我傷了她的心。

她也在其他方面覺得受到命運捉弄。名聲是其一，另外就是，錢。她這大半輩子都不覺得自己的作品獲得了應有報償。一直到五十歲後半，她才覺得財務真正有了保障。然而包括她社交圈中每個人的許多其他作家和藝術家，創作出的作品都為他們賺了不少錢。或許她的朋友與點頭之交都這麼有錢實在不是件好事，而且她還常被人帶去和超級有錢人交陪。有時看來，她身邊圍繞的都是比她擁有更多的人：這些人有自己的公寓（跟現在相比，當時買得起公寓不是那麼常見）、有僕人，還蒐集了許多藝術名作，而且這些人旅行時永遠都坐頭等艙。令她感到羞憤的是，除了非常少數的例外，針對我們的對文化及社會，這些人沒有像她一樣足以宣稱有價值的貢獻。在和文學經紀人簽約之前，她有段時間正在煩惱如何賺到房租——金額是三四〇號公寓房租的四到五倍——當時她對一個出生富裕的朋友抱怨，對方因為建議她搬出紐約市而激怒了她。如果當時能拿到麥克阿瑟獎助金（後來她終於在一九九〇年拿到了）對她會是莫大的幫助。不過年復一年，她看著這個獎與自己擦身而過：那是整整九年的苦澀挫敗。

隨著她的年紀漸長，要接受所有事都得為了錢去做變得更加困難。更早之前，她看不起作家有經紀人、進行大型巡迴打書活動、精確知道自己賣了多少本書，以及關心賣書是否有顯著進展。這些人真的讓她作嘔——正如更早之前，她還相信只要是個正經的作家，就會蔑視那些給予經濟支援的獎助金和各種傻氣獎項。要是換作貝克特——

但現在她明白了，如果她之前更把錢的事放在心上，或許後來就不用無止境地處理按件計酬的工作，以及那些占據許多時間的各種工作及現場活動，並因此省下許多時間。這也成為她後悔的另一件事。許多人之前一直告訴她，只要轉換心態，再找個對的經紀人，她其實可以成為百萬富翁，她應該更早把這項建議放在心上才對。

還有其他人生中的失敗不停啃食著她的心。我認為她能夠擁有許多老友確實很有福氣，有些還是幾十年的老友，其中包括前任愛人，而這一切都很能說明她的為人。但只要談到她的愛情生活，她總是悲傷得無以復加。另外還有她和大衛的關係，她總是稱他為「我唯一的家人」。他們花了許多時間針鋒相對，兩人的關係也曾在許多時期充滿緊繃的張力、敵意和疏離感，並且在在讓她備感折磨。

有一次我們見面，她對我掏心掏肺，我還記得當時心想，要是有任何人剛好聽見這些話，內心一定會想：這真是個可憐又憂傷的小傢伙啊，她是如此寂寞、缺愛，而且不被理解。我還記得自己心想，聽到這些話的人永遠不會猜到，這個人身邊其實永遠圍繞著許多關心她的人，這些人推崇她、尊敬她，另外還有一小群人總是在幫助她，而且其中還有些全心奉獻的人無論如何都會陪在她身邊；只要她不想，她的人生中不會有任何一天需要獨處。

就連從未見過蘇珊的人都會寄支票來，幫助她支付治療癌症的醫療費用。

電話中的我們正打算約時間見面，但她的態度突然變得陰沉又不耐。「怎樣？」我說。「妳又不想見面了嗎？」她大大嘆了口氣。「要啊，當然想見面。但不是像這樣。不是像兩個社交名媛在約時間喝茶一樣。我們以前可是住在一起啊！」（翻譯：我打電話來是因為需要有人陪我。別天殺的跟我說什麼下週二。現在過來，我需要人陪，現在。）

又有一次，她因為遇上問題打電話來，事情跟她公寓的火災有關。在一段語意不明的短暫交談後，我說：「妳要我過去幫忙嗎？」「要，當然，但妳不明白嗎？不是我來請妳幫忙，是妳作為一個朋友應該主動提議幫忙。」（我確實主動提議了，只是不夠快。）她決定要雇用一名助理時表示需要我的意見，但當我提議找一位我們都認識的年輕女性時，她氣炸了：「我不需要一個小鬼！我不是在找打字員！我需要的人必須能夠了解我、我的工作，還有我關心的一切。噢，算了啦。顯然妳不明白我這種地位的人會遇到什麼問題。妳不可能有共鳴，因為妳沒有這種煩惱，而且永遠不會遇上。」

她表現得很刻薄。她充滿怒火。她對這個世界感到憤恨。她是想要傷害某人的喬．路易斯。

而正是透過這種方式，她讓我想起我的母親。有些人你就是怎麼樣都講不贏，而她們就是那種人。

不過老實說，我常在蘇珊面前裝傻，如果有什麼可以把她逼瘋，那就是這一點了。

我在寫這本書的期間兩次夢到她。第一次是在看芭蕾舞表演，我們在中場休息時見到了彼此。她已經病了一陣子，頭髮很短、細薄、乾燥又發紅。「對了，」她質問，「妳摸清他們的底細了嗎？」她指的是那個芭蕾舞團。「舉例來說，」她說，「那個舞者多高？」我把答案告訴她。「不、不，」她說。「他至少有二十呎高。」我跟她說那是不可能的。沒有任何一位舞者有二十呎高。她因此變得很暴躁，「我現在要怎麼信任妳？」

第二次夢到她時，我獨自一人住在她家。她出門了，我同意為她看家，然後兩個陌生人來了。他們是特萊伯夫妻，名字分別是珮特和麥可，目的是來接手這間房子。他們表現得禮貌但態度堅定，儘管我很努力，卻還是無法阻止他們。

她要怎麼信任我？我不知道如何摸清別人的底細，而且還讓特萊伯夫妻入侵了她家。

正如早在她表現得早慧的那些年間，她就已經習慣成為群體中最年輕的人，但晚年的情況卻完全變得相反。這是因為隨著年紀愈長，她就愈喜歡跟年輕人交朋友或往來，而且通常是比她年輕很多的對象。此外也因為如此，她想去的地方或做的事通常都跟年輕人有關。成為一個空間內最年長的人不會讓她不自在；而且跟大部分的人狀況不同，她似乎不會覺得自己顯老。她完全無法想像自己會因為年紀而在任何地方顯得格格不入——就像她無法想像自己有可能做任何事做過頭。

一九七八年八月，在麥迪遜廣場花園參加布魯斯．史普林斯汀[153]的演唱會時，我還記得自己感覺有多麼格格不入：當時的我二十七歲，身邊都是正在尖叫且年紀看來小到不行的小鬼。我還記得眼前的蘇珊有多古怪，她是在我視線範圍內最老的人，狂亂的灰髮也前所未有的惹人注目，絕對吸引了一些人的好奇眼光，但就算她有注意到也沒表現出來。再一次的，我認為她這種行為背後的原因，完全是決心要彌補那段她認為遭到剝奪的青春年歲。

她什麼事都想做。她每件事都得做做看。但有些時候（就像那場史普林斯汀的演唱會），她其實是強迫自己表現出有興趣的樣子。我常覺得她是想將自己真正的感受放大十倍。

快樂要是十倍、憂傷也要是十倍，對於她所關注的一切，她從中獲得的各種刺激也得是十倍。（她看電影和表演的次數多到誇張，會不會就是這個原因呢？至少是部分的原因？因為她必須重複能夠帶來快樂的體驗？這是多麼殘酷的人生準則啊：永不饜足。）

她擁有極度執著的好奇心，她將這點視為最大的美德，但有些時候，那樣的好奇心更近似於窺淫癖，而非美德。

她實在太紐約了。她也是我認識的人當中，最有美國精

153 布魯斯．史普林斯汀（Bruce Springsteen，1949-）為美國搖滾歌手。

神的一個人，因為她的熱情進取、她的精力和野心、她的幹勁、她擊敗一切困境的精神，以及她孩子氣的天性——她對以下一切抱持信念：她的例外主義、意志力、自我創造力、重生的可能性、無止境獲得新機會的可能性，以及永不妥協的精神。

「好吧，我們終究走到了這一步，」她蜷縮在約瑟夫身邊說。「都還不到中年，就遭受到兩種殺手級疾病的攻擊。」話題轉到了《一線希望》，那是娜傑日達·曼德爾施塔姆[154]描述人們如何在史達林統治下生活的傳記，在書中，她將尋常家庭生活中的痛苦及苦難比喻為地獄：「為了換取平凡的心碎感受，我們有什麼是不願意付出的呢！」約瑟夫嘲諷地聳聳肩，不為所動。「相信我，她有的平凡心碎體驗的也夠多了。」沉吟了一陣子後，他說：「你們知道嗎？說到頭來，這一切都不重要，發生在人生中的一切都不重要。苦難不重要、幸福或不幸福也不重要、疾病不重要、入獄不重要。什麼都不重要。」好，這才是歐洲精神。

她喜歡身體感強的人，這種人喜歡碰觸別人，也喜歡受人碰觸，她也喜歡熱愛說話、掏心掏肺，而且很容易敞開心胸的人——她偶爾會說這是一種猶太風格。她喜歡親暱的稱

154 娜傑日達・曼德爾施塔姆（Nadezhda Mandelstam）的《一線希望》（*Hope Against Hope*）出版於一九七〇年。

謂，她自己就很常稱呼別人「甜心」或「親愛的」。此外，儘管喜歡當著他人的面批評對方，她也不吝於稱讚。她一天到晚都在讚美奉承別人，還會裝腔作勢地大肆吹捧——要是剛好身邊有一群人，她會說得很大聲——對方則會站在一旁露出燦爛微笑，或者臉頰泛紅。若是把你介紹給某位名人時，為了諂媚，她會說：「你們兩個應該已經見過了？」

她或許不認為你能跟她平起平坐——她很少覺得有人可以——但不代表她不想聆聽你的生命故事。她也不需要永遠是注意力的焦點。她喜歡說話，但也喜歡引導別人傾吐心聲，而且分享的故事愈私密愈好。她說常有人跟她傾訴一些事，並宣稱之前從未跟別人說過。這點很有趣，因為她是出名的說話不謹慎，也極不擅長保守祕密，而且，她自己也承認，她無法不把別人私下告訴她的話說出去。

她有一個固定的小儀式——就跟她的其他許多習慣一樣，我們很多人後來也都跟著做——就是會在離家旅行前花上幾分鐘，去書架上找出要帶去讀的書。

她旅行過的地方太多，導致不管我去哪裡，都會發現她去過了。

大衛把她埋在巴黎，就跟貝克特埋在同一座墓園內。

我見過她喝醉一次。那次是意外。我們要去「電影論壇」電影院之前，先約在第六大道南段一間小餐廳的酒吧碰面。她在跟我見面前有場活動得參加，而在那裡她一反常態地喝了一杯：那是杯瑪格麗特調酒。抵達酒吧時的她已經微醺，接著又喝了一杯瑪格麗特，這次她喝得很快；之後走去電影院時，我還得扶著她。不過我可以看出來，她已經醉到無法知道自己喝醉了。

那是部奇怪的影片，德國拍的紀錄片，主題是如何建造高速公路[155]。影片幾乎是才剛開始，蘇珊就睡著了。偶爾她會醒來看個一分多鐘，然後再次打起瞌睡，但也無妨：她自己把整部片夢了一遍。等燈亮之後，她轉向我說，「真是太精采了，可不是嗎？」

我還在哥倫比亞大學讀書時上過一堂現代英國文學課，老師是愛德華．薩依德[156]。每次只要我提起他，蘇珊就會逗我，「看來有人迷上人家了。」（蘇珊和薩依德當時應該已經見過面，但還沒成為朋友。）她的說法不算是錯。許多學

155 這裡的「高速公路」使用的是德文的「autobahn」。

156 愛德華．薩依德（Edward Said，1935-2003）出生於巴勒斯坦託管地，後來定居美國。他是出名的文學評論家，提出的最著名論述為「東方主義」（Orientalism）。

生當時都因為這位傑出、英俊的年輕薩依德教授而心醉神迷。

然後不知為何——我不記得細節了，只記得與我無關——薩依德教授來到家裡拜訪！

我始終不明白那天發生了什麼事。我記得我們四人坐在客廳，那裡只有一張舒適的椅子，而薩依德就坐在那張椅子上，大衣也沒脫，帶來的一把傘放在椅子旁的地板上。從他坐下到離開的那段期間，他不停伸手往下撿起雨傘，然後又立刻放回地上。

我記得我什麼都沒說，大衛也什麼都沒說，儘管蘇珊想盡辦法與他交流，薩依德卻幾乎沒怎麼開口。他穿著大衣坐在那裡，一隻手緊張地撥弄雨傘，從頭到尾沒說什麼話，真正開口時也含糊不清。他坐在唯一那張舒適的椅子上，那是整間公寓唯一舒適的一張椅子，看起來卻像坐在釘子上一樣難熬。他不停把雨傘拿起來又放下，雖然不管蘇珊說什麼他都點頭，但仍顯得心不在焉，根本沒有真的在聽她說話。至於當時討論的話題，我只記得有提到誰還在哥倫比亞教書、誰又已經離開之類的話題，因為多年前蘇珊也在那裡工作過。那次的造訪時間儘管不長，卻非常難熬，等他離開後，我們都鬆了一口氣。

等他離開後，蘇珊跑來找我。「妳還好嗎？」我聳聳肩。「聽著，」她說，「我完全不知道剛剛是怎麼一回事，但我知道妳會有什麼感覺，我很遺憾。」這話是什麼意思？「我知道若是仰慕一個人，卻又看到對方有損形象的一面時，可能會有什麼感受。這可能讓人很痛苦。」

我們坐了一陣子，一邊抽菸一邊聊天。我們曾這樣度過多少時光呢？就是這樣邊抽菸邊聊天？她是我認識最忙碌、最有創作能量的人，但不知為何永遠有時間來場長談：這真的是我難以想像的事。

「不過有時就會發生這種事，」她說。「妳得做好準備。」她自己就碰過很多次，她說。一旦開始跟作家及藝術家認識之後，這種事就是不停、不停地在發生。「我以前是多麼興奮地想要認識這些人啊！我的英雄！我的偶像！」

一次又一次，她感到失望，甚至覺得遭受背叛。這些幻滅感受甚至讓她後悔實際見到這些人，因為她再也無法崇拜他們或他們的作品了，至少是無法再用同樣純潔的心態這麼做了。

她最愛的其中一本書是巴爾札克的《幻滅》[157]，她堅持我應該立刻找來讀。

她最愛的電影之一是《東京物語》。「我盡量每年看一次。」（在那個年代，如果住在曼哈頓，這是可以做到的事。）她發現我不愛那部電影時極為震驚。（我必須不好意思

157 巴爾札克（Honoré de Balzac，1799-1850）是法國著名且多產的一位作家，《幻滅》（*Lost Illusions*）是他一八四三年出版的小說。

地說，第一次看時，我覺得小津這部傑作的節奏太慢了。）

「妳無法明白嗎？母親葬禮之後那段呢？妳覺得那段如何？」——她複誦出小女兒和媳婦之間的一段對話。「噢我的老天！」她掐住自己的喉嚨。「那段沒讓妳落淚嗎？」

我在她眼裡一定是個無比愚鈍的傢伙吧。為了顧及她的感受，我有考慮騙她，但後來她揮揮手，說，「噢，妳只是太年輕了。再過幾年就能看懂，然後就會真的明白了。」她信心滿滿。

其實不用花上幾年。我也不用再看那部電影了。

京子：活著不就是失望嗎？
紀子：是啊，沒錯。

眾人的桑塔格，與她的蘇珊

盛浩偉

蘇珊．桑塔格，這位二十世紀後半葉的全球文化巨擘、獲譽「美國最聰明女人」、「美國公眾良心」、「大西洋兩岸第一批評家」等稱號的女性，即使在二〇〇四年過世之後仍具有強烈存在感。及至二〇二〇年普立茲獎傳記文學類得獎作，正是關於她生涯的鉅著《桑塔格》（Sontag: Her Life And Work，本傑明．莫瑟著，臺灣版由衛城出版），洋洋灑灑四十餘萬字；到了今年（二〇二三），傳記亦準備被改編為電影，將由克絲汀．約翰遜（Kirsten Johnson）執導、克莉絲汀．史都華（Kristen Stewart）飾演桑塔格，足見人們不僅未將她逐漸淡忘，反倒加以緬懷。更重要的是，也在追憶中重新認知到蘇珊．桑塔格的多面性——不只是多重的文化身分，還有她私底下的個性特質與未必為人所知的經歷。

桑塔格是如此豐富，以致於每個人記憶中的她的形象可能都大不相同。尤其是對非美國本土讀者而言，如何認識桑塔格經常取決於有哪些相關的著作被翻譯、被傳播；同時，也取決於她自身的文字——作者所寫下的著作未必就能還原成作者的實際樣貌，儘管我們經常忘記這件事，或者，我們往往受其「蠱惑」而寧願相信那些文字與思想就等同於作者本人。若是如此、若是懷抱著對桑塔格的高度敬意，那麼閱讀西格麗德．努涅斯的《永遠的蘇珊》恐怕會有不少衝擊或感覺被冒犯，因為書裡呈現的是一個極度古怪、偏執、刻薄又難以相處的女人（書中好幾個段落都讓我忍不住拿紅筆圈起來，眉批寫下「有夠討厭！」），那全然有別於前述文化巨星該有的體面與魅力與親切，就算會懷疑「這真的是桑塔格？」也不為過，且也不算錯——因為那真的不是桑塔格；那是蘇珊。

如同〈坎普筆記〉裡寫到的：「坎普以引號來看待每一件事。它不是一盞燈，而是一盞『燈』；不是一位女人，而是一位『女人』。從物和人當中感知坎普，就是去理解其角色扮演的狀態。」在眾人的視野裡，她是桑塔格；但在西格麗德．努涅斯那裡，她是蘇珊，原先是工作上的老闆，再來短暫成為男朋友的母親，等到關係無以為繼之後，才從蘇珊逐漸變為桑塔格——而這不過是一九七六年春天到七八年這兩年之間的事。然而，當時的桑塔格也還不全然等於我們今日所認識到的「桑塔格」——是的，在她們倆認識之前，桑塔格已經享有文化界地位，不過對臺灣讀者而言比較熟悉的、奠定她高度的《論攝影》（一九七七）、《疾病的隱喻》（一九七八），在那時都還算是進行式，仍待定論；更別提還未出版的《土星座下》（一九八〇）、《愛滋病及其隱喻》（一九八八）、《旁觀他人之痛苦》（二〇〇三）等等，或是在塞拉耶佛內戰時的聲援（一九九三至九五）。簡言之，當時的桑塔格確實出名，但離「桑塔格」——也就是日後她所代表的分量、藝術抵抗暴政的象徵以及全球文化影響力——還要再等一段時間。

如此我們便能更清晰錨定這本書是以怎麼樣的一種狀態為基底了——初出社會、仍一事無成的新鮮人，碰上既小有成績、也有中年危機的文化前輩，兩人在無意又短暫相會裡擦出了火花；火花散落在當下與往後漫長的未來，照亮了努涅斯眼前蘇珊的臉孔，桑塔格的臉孔，以及「桑塔格」的臉孔。《永遠的蘇珊》最珍貴與迷人之處——儘管蘇珊並不討喜，但這卻是份一旦開始閱讀便難以中止的追憶——也就在這裡了：讀者跟隨努涅斯的視線，那狀似隨興散漫的回望，其實是刻意地讓這幾張臉孔交疊出現於時間這座小徑分岔的花園，我們才能在對照之中，真正意識到她的身影之立體，所有概括都不免斷章取義；也意識到——一如作家牙買加．金凱德（Jamaica Kincaid）曾說的：「她就是一個偉大的人。在我認識蘇珊之後，我似乎就不曾再想要當一個偉大的人了。」——她的喜悲，痛苦，極限，乃至矛盾衝突。

她是矛盾衝突的複合體。她既是導師也是暴君，既是受虐狂也是虐待狂，既是社會公共領域裡為苦難弱者發聲的偏左進步派，也是文學藝術世界中唯品味與天賦至上的菁英主義者——有趣的是，在努涅斯認識她之前，稍微年輕一些的她還被那些更年長的文化菁英們視為整平（leveling，意味著彌平菁英與通俗大衆之間鴻溝）文化的代表者，其中不無貶抑——書末最引人感慨，恐怕也是最打破大衆既定認識的一段，寫到桑塔格其實心心念念想要成為的是一位小說家，而非尾隨在他們身後發表議論；可她卻像是「吳爾芙筆下的雷姆西先生：困在Q當中，夢想著Z」，努涅斯說：「要是她沒有等那麼久就好了；要是她更早開始追隨內心的渴望就好了。……另外讓她感到後悔的是，因為強烈的道德責任感，她花了許多時間為正義奮鬥。她應當擁有的人生是這樣：花更多心力當個藝術家，而非評論家；花更多心力成為創作者，而非社會運動參與者。」這幾乎同時地，既是取消了「桑塔格」的一切成就，卻也是將蘇珊注入「桑塔格」之中，使抽象的後者有了豐盈血肉。

當然，我們也不能忘記這樣的回望本身是由西格麗德．努涅斯——這位比起蘇珊．桑塔格，更能讓人直覺聯想起「小說家」身分的人物——所做出的；即使她在今日、在寫下這本《永遠的蘇珊》（二○一○年出版）之後又更足以被稱為小說家——在臺灣翻譯的兩本作品，《摯友》（原著二○一八）與《告訴我，你受了什麼苦？》（原著二○二○），都是極好的小說——但在動筆追憶的當時，年近花甲的努涅斯也已經夠有成就了。這凸顯的則是蘇珊與努涅斯之間極富戲劇性或已經可以說是諷刺的矛盾：一邊是極度聰穎早慧、又憑藉自身努力掌握古今經典的傳奇少女，可她即使遲至暮年以《在美國》獲得美國國家書卷獎，現在我們也通常會忽略她的小說成就；相反地，另一邊則只是相較之下平凡無奇的大學畢業女孩，竟因緣際會而能獲得前者遞出的智慧之果，但是她沒有吃下去——諸如書中那些蘇珊給予建議而努涅斯並未採用的記述——不像那些代代相傳、受人教誨而開悟的典型敘事，後者走自己的路，卻達成了前者的夢。

其實她們之間的矛盾，從努涅斯與大衛・里夫交往之時就注定了。蘇珊・桑塔格或許難以定義，但她是一位糟糕母親卻無疑是事實。這不能怪她——她幼年喪父，母親酗酒，孩提時代被迫提早成熟，卻過度提早也過度成熟，因跳級而十六歲就讀大學、十八歲畢業——還獲選入斐陶斐（Phi Beta Kappa Society）榮譽會員——並且十七歲結婚、十九歲生子。外在有多麼光鮮亮麗，內在就有多少不成熟與創傷，使得她與大衛的母子關係不同尋常——「占有欲强的控制狂母親，還有充滿罪惡感的兒子」——就更別提努涅斯還要闖入其中——甚至努涅斯筆下的蘇珊也隱含著矛盾：蘇珊曾說她「每看見一個嬰孩或幼童時，內心就會升起『想要犯罪』的情緒」，但之後努涅斯卻又說：「她並不是一個母親。……我還注意到，當她身邊有孩子時……**她完全不會把心思放在她們身上**」——這母與子的複雜情結，已可另闢一書談論；回到努涅斯這段不曉得能否稱得上「戀愛」的特殊經驗，其實這並非特例。大衛日後也曾有類似戀情，有類似下場，有趣的是在這些書之外，蘇珊如何看待此事？前面提到的傳記《桑塔格》裡有這樣耐人尋味的陳述：「蘇珊七〇年代後期的日記中，並沒有提過大衛與西格麗德分手的心碎經驗，同樣地在幾年後，她依然不曾有隻字片語提到大衛與莎拉分手，或是與癌症擦身而過的事。」

哭有時，笑有時，哀悼有時。追憶蘇珊・桑塔格，也似如她本身一樣，無法一言以蔽之，縱使這本小書只是由短短兩年的時光切片所構成，卻依舊折射出萬千形象——那是她思想與論著之外，或許可以稱之為「心」的東西。這顆心自身就尖銳苦澀，也將種種課題帶給周圍的人，像占星學裡的土星象徵著險阻與艱困考驗。但通過考驗之後，自當獲得更高生命境界的餽贈。從《永遠的蘇珊》中我們可以瞥見的是，身為一個天才，可能會多麼痛苦；而認識一個天才——那樣親近而貼身的認識——何其不幸，又何其幸運。

聯經文庫
永遠的蘇珊：回憶蘇珊・桑塔格

2023年6月初版　　定價：新臺幣360元

著　　者　Sigrid Nunez
譯　　者　葉佳怡
叢書主編　黃榮慶
校　　對　吳美滿
美術設計　烏石設計

出版者　聯經出版事業股份有限公司
地址　新北市汐止區大同路一段369號1樓
叢書編輯電話　(02)86925588轉5307
台北聯經書房　台北市新生南路三段94號
電話　(02)23620308
郵政劃撥帳戶第0100559-3號
郵撥電話　(02)23620308
印刷者　文聯彩色製版印刷有限公司
總經銷　聯合發行股份有限公司
發行所　新北市新店區寶橋路235巷6弄6號2樓
電話　(02)29178022

副總編輯　陳逸華
總編輯　涂豐恩
總經理　陳芝宇
社長　羅國俊
發行人　林載爵

行政院新聞局出版事業登記證局版臺業字第0130號

本書如有缺頁，破損，倒裝請寄回台北聯經書房更換。　ISBN 978-957-08-6965-1 (平裝)
聯經網址：www.linkingbooks.com.tw
電子信箱：linking@udngroup.com

國家圖書館出版品預行編目資料

永遠的蘇珊：回憶蘇珊・桑塔格/Sigrid Nunez著．葉佳怡譯．
初版．新北市．聯經．2023年6月．248面．12.8×19公分（聯經文庫）
譯自：Sempre Susan: a memoir of Susan Sontag
ISBN 978-957-08-6965-1（平裝）

1.CST：桑塔格（Sontag, Susan 1933-2004）
2.CST：努涅斯（Nunez, Sigrid） 3.CST：回憶錄 4.CST：美國

785.28　　112008758